La Evolución de un Líder

La Evolución de un Líder

Rubén Huertas

Editado por Elbia I. Quiñones Castillo, MBA, MA

La Evolución de un Líder

Relevo de responsabilidad. El lector no debe considerar las recomendaciones, ideas y técnicas expresadas y descritas en este libro como absolutas. Este material de referencia está sujeto a la discreción del lector y de su riesgo. Utilice el libro como una guía.

AZ DP 17 16 15 11 19 15

Power Publishing Learning Systems
PO Box 593
Caguas, PR 00726
info@powerpublishingpr.com
www.powerpublishingpr.com

ISBN 978-0-9961067-3-3

Este libro está dedicado a todos aquellos que han decidido tomar control de sus vidas y convertirse en líderes excepcionales.

Contenido

Introducción

Se dice que los seres humanos hemos nacido para "un momento de gloria". Una ocasión donde, en un breve momento, aquello que es objeto de nuestra influencia, experimenta una transformación total y el mundo nunca vuelve a ser el mismo. ¿Cuándo será ese momento de gloria? No lo sabemos. ¿Dónde será ese momento de gloria? Tampoco lo sabemos. Lo que sí sabemos es que todo el trabajo de crecimiento personal que hemos hecho en la vida, nos va preparando para ese momento tan especial.

La formación de un líder es vital para prepararnos para la magnitud y el alcance de dicho momento de gloria. Mientras mejores preparados estemos, dentro de las disciplinas y funciones del liderazgo, mayor será el impacto que logremos cuando nuestro momento de gloria finalmente llegue. Este libro presenta los elementos fundamentales para la evolución de un líder. Desde sus inicios hasta su inevitable grandeza.

Este libro está diseñado para ser leído en cualquier orden. Se presta para adiestramientos y el fortalecimiento de conocimientos sin la necesidad de invertir mucho tiempo en la investigación. Ya nosotros nos encargamos de eso. El crecimiento personal es un proceso de destrucción. Destrucción de todo aquello que no te funciona en la vida. De todas aquellas cosas aprendidas o inculcadas por la sociedad que te limitan y te mantienen alejado de tus metas y objetivos. Un proceso de limpieza integral en todos sus aspectos. Este libro te ayudará a desaprender aquello que te estorba para incorporar a tu vida disciplinas que te llevarán al éxito.

Creando Credibilidad

Existe una relación muy estrecha entre la credibilidad que usted proyecta y el nivel de riqueza que alcanza en su vida. Esa es una de las razones por las cuales los medicamentos de marca se venden mucho más que los medicamentos genéricos a pesar de que estos últimos son más baratos y contienen exactamente los mismos ingredientes.

Muy pocas personas comprenden la naturaleza del dinero. El dinero en principio es un intercambio por servicios y productos una vez se ha establecido adecuadamente la credibilidad. Con el conocimiento adecuado se puede crear y establecer credibilidad para todo tipo de servicios y productos y por supuesto el individuo que los representa. Ofrecemos algunas de la estrategias para establecer credibilidad.

Autoridad
Las profesiones, los títulos, las designaciones, las certificaciones y los estudios especializados confieren autoridad y representan credibilidad.

Grupos de afinidad
Los grupos de afinidad, las experiencias vividas, las filosofías específicas y los historiales compartidos desarrollan de manera rápida la credibilidad.

Longevidad
El tiempo que usted lleve en el mercado tiene gran influencia en su credibilidad. Aunque no existe relación alguna entre los

años que lleve practicando su profesión y cuán competente usted sea, la percepción externa es que mientras más tiempo lleve en el negocio, mejor profesional eres.

Celebridad o Popularidad
Ser conocido en tu industria te otorga credibilidad. Ofrecer seminarios, clases, charlas, orientaciones, escribir para la prensa y mantener un blog son fáciles estrategias para aumentar tu credibilidad en el mercado y acelerar debidamente tu camino hacia ingresos más altos.

Familiaridad
Que te conozcan o que tu nombre suene en el mercado crea una imagen indeleble en la mente de los consumidores.

Frecuencia
La frecuencia con que usted se comunica con las personas tiene uno de los efectos más positivos que se pueden crear dentro del valor de la credibilidad. Mientras más interacción exista y mayor frecuencia ocurra entre usted y sus potenciales clientes, mayor la posibilidad de realizar más y más grandes transacciones.

Transferencia de segunda persona
Si usted carece de la credibilidad necesaria con algunas personas, la mejor estrategia a utilizar es tomar prestado la credibilidad de otros. Esto es lo que las grandes compañías hacen cuando contratan a personas famosas para anunciar sus productos o servicios.

Lugar
El lugar desde donde usted opera su negocio tiene influencia sobre la credibilidad que se proyecta con las personas. La credibilidad es mayor cuando se trabaja en el área geográfica del cliente. Mientras más se aleje del cliente, menor la credibilidad con ese cliente.

Demostración
Ver es creer. Mostrarle a sus clientes potenciales los resultados que ha obtenido en el pasado representa una de las maneras más sólidas de crear credibilidad.

¿Cómo aplico lo aprendido?

La Perspectiva Correcta

La manera más fundamental de entender la vida es a través del conocimiento de las leyes universales que rigen la misma. Las leyes universales son principios irrefutables que debemos darnos a la tarea de conocer y dominar. Desconocimiento de estos principios no nos exime de su efecto. Por ejemplo, la ley de la gravedad. Todos conocemos que existe una ley que se llama la ley de la gravedad. La misma se refiere a la aceleración de los cuerpos físicos en las cercanías de un objeto astronómico. Todo cuerpo físico gravita hacia el centro del objeto astronómico. Si tiramos una pelota hacia arriba, la misma bajará porque es abajo que se encuentra el centro del objeto astronómico. En nuestro caso, el centro del planeta Tierra. Esto es una ley universal. Significa que nunca fallará, que su resultado siempre será el mismo.

Otra ley universal es que nuestra abundancia, lo que recibimos está directamente atada a lo que aportamos. Muchas personas comienzan negocios enfocados en aquello que obtendrán como beneficio de su esfuerzo. Esta mentalidad los mantiene en un nivel muy bajo de rendimiento porque operan de manera contraria a esta ley universal. Para ponerlo en *arroz y habichuelas*, nunca sacan los pies del plato. Por ende, es importante enfocar nuestro negocio y nuestras vidas en aquello que quiero aportar, no en lo que quiero recibir. Si lo que aporto es de valor, lo que reciba también será de valor. Este tema está íntimamente atado a nuestro propósito en la vida. Cuando decido qué es lo que quiero y puedo aportar, me circunscribo a aquellas cosas que representan mi pasión, mis talentos y mis fortalezas. Es una manera espectacular de enfocarte en lo mejor de ti, aportarlo y recibir en proporción y calidad a lo aportado.

En nuestro negocio tenemos la gran ventaja de poder aportar de muchísimas formas, lo cual nos facilita el foro que necesitamos para expresarnos de manera natural y comenzar a recibir también de manera natural. Esto es lo que llamamos *La Perspectiva Correcta*. Abordar la operación de nuestro negocio desde un punto de vista que primero aporte a nuestros clientes de la mejor manera posible.

Cuando retiramos nuestras necesidades de la ecuación, podemos realmente aportar a los demás. Hay muchas personas que tan pronto usted les hace un acercamiento con una propuesta, su primera pregunta es, ¿cómo me beneficia?, ¿qué hay para mí?, ¿cuánto me voy a ganar?, ¿qué voy a recibir a cambio? Lo ven todo como una manera de engrandecerse y son incapaces de aportar de manera genuina a los demás. Evite ser este tipo de persona. Porque aunque en la superficie aparente ser que estos le llevan ventaja en la vida, tarde o temprano, las leyes universales se encargarán de cuadrar las cuentas.

Recuerde, una ley universal es irrefutable. Ni usted ni nadie las puede cambiar. Así que lo mejor que podemos hacer es ajustarnos a ellas y aprender su funcionamiento. Pregúntese a diario cuánto aporta a los demás.

¿Son mis contratos los más completos, claros y entendibles?

¿Tienen mis formularios un diseño atractivo y cómodo de mirar, o parecen copias de copias de un *fax*?

¿Me mantengo en comunicación con mis clientes aún cuando no hay nada que informar porque no ha habido interés alguno por su propiedad?

¿Soy proactivo educando a mis clientes?

¿Me mantengo en comunicación con mis clientes aún después del cierre?

¿Conozco el nivel de satisfacción de mis clientes con mis servicios?

¿Qué herramienta utilizo para recibir retroalimentación de mis clientes?

¿Mantengo un buen sistema de archivos que me permita asistir a mis clientes en algún momento en el futuro?

¿Conozco quiénes son mis clientes: banqueros, tasadores, vendedores de propiedades, compradores de propiedades, arrendatarios de propiedades, arrendadores de propiedades, colegas de la industria, agencias de gobierno, etc.?

¿Cuán fácil es para mis clientes conseguirme?

¿Soy accesible?

¿Me mantengo al día con los cambios de la industria?

¿Soy una buena fuente de recursos, tales como contratistas, inspectores, tasadores, banqueros, personal de limpieza, abogados, contables, ingenieros y otros profesionales de la industria para mis clientes?

¿He desarrollado un nicho en particular para ofrecer aún mejor servicio a mis clientes?

¿Me he especializado en un área en particular para convertirme en experto para mis clientes?

¿Conozco por lo menos cinco detalles personales sobre mis clientes?

¿Recibo buenos referidos de mis clientes?

Estas son únicamente algunas de las preguntas que podemos hacernos para identificar el nivel de aportación que estoy ofreciendo actualmente. Pueden utilizarse para comenzar a fortalecer mi aportación a los demás y a la industria. De ninguna manera representan la totalidad de lo requerido para obtener el mayor de los beneficios, pero sí es un buen comienzo.

Dése a la tarea de desarrollar su propia lista de aportaciones actuales y aquellas que incorporará a su práctica de negocios. El resultado de esto será abundancia y prosperidad de la manera que siempre lo imaginó. Adelante, aporte, remuévase de la ecuación y la ley universal se encargará de remunerarle adecuadamente. Esta es la perspectiva correcta.

¿Cómo aplico lo aprendido?

_____

_____

_____

_____

_____

_____

_____

_____

_____

_____

_____

_____

_____

_____

Define tu Valor

La mayoría de las personas piensan que sus servicios o productos son los mejores. Piensan también que ofrecen el mejor servicio al cliente. Esto es como una neblina que crea confusión cuando los resultados obtenidos no van a la par con su percepción. Existe un abismo entre el enfoque de las personas y empresas en su ofrecimiento y el deseo real de aquellos clientes o prospectos. De manera genuina, las personas creen que son los mejores en el mercado. Esto le ocurre tanto a individuos como a empresas multinacionales. Esta percepción surge del conocimiento que tenga la persona o empresa del resto del mercado. Muy pocos se dan a la tarea de identificar exactamente qué ofrece el mercado en general y a nivel global.

Pudiera ser que nuestra oferta sea la más competitiva de aquellas que conocemos pero que ni tan siquiera sea una a considerar por aquellos prospectos que conocen muchas más opciones. Opciones a las que somos ajenos y desconocemos en su totalidad. Nos parece increíble que exista un servicio o producto mejor que el de nosotros. Esto es similar a ver la paja en el ojo ajeno y no ver la viga en nuestro propios ojos. Somos incapaces de ver objetivamente nuestra realidad. No obstante, eso es lo que precisamente todos a nuestro alrededor ven, incluyendo a nuestros prospectos clientes.

Para cerrar este margen de percepción es fundamental conocer que lo importante al momento de ofrecer nuestros servicios o productos es conocer el valor percibido por nuestros clientes.

Numerosos estudios revelan que la mayoría de las personas y negocios aspiran a satisfacer unas necesidades y deseos NO existentes. Lo que las personas necesitan o desean es muchas veces muy diferente a lo que ofrecemos. Para evitar esto hay que cerciorarse de las necesidades reales de nuestros prospectos clientes. Aunque muchas veces estas pueden ser parecidas, en pocas ocasiones son exactas. La distancia entre parecidas y exacta es lo que nos cuesta trabajo.

Lo primero que tenemos que entender es que este proceso de identificar exactamente lo que nuestros prospectos clientes desean toma mucho tiempo. La inversión en tiempo y esfuerzo para determinar cómo satisfacer a nuestros clientes es desproporcional con el tiempo que le toma a los clientes consumir nuestros productos o servicios.

Por ejemplo, a usted puede tomarle años llegar a conocer a su cliente de manera tal que pueda satisfacer sus necesidades adecuadamente. Sin embargo, una vez haya logrado esto, su cliente toma la decisión de hacer negocios con usted de inmediato porque la oferta es exactamente lo que busca. En varios minutos su cliente puede tomar la decisión que le tomó a usted años en definir. Es muy parecido a una cena exquisita. La misma puede ser compuesta de muchas recetas probadas que han sido perfeccionadas.

El proceso de cocinar también puede tomar largas horas. Todo esto para ingerir la comida en varios minutos. Nuevamente, el proceso de preparación no guarda proporción con el tiempo que toma en consumirse. Además, lo más probable es que las personas disfruten de su comida sin tener idea del esfuerzo que conllevó prepararla. Lo mismo ocurre en nuestros negocios. Cuando lo hacemos bien, toma tiempo desarrollar sistemas y actitudes que ofrezcan satisfacción real a nuestros clientes y aunque logramos la meta de satisfacer y cumplir con sus expectativas, es muy difícil que estos aprecien nuestro esfuerzo. A los clientes no les importa apreciar nuestro esfuerzo, estos solo desean que sus deseos y necesidades sean satisfechas. Con esto tenemos que aprender a vivir. Tu recompensa se refleja económicamente, no con apreciación expresa de parte del cliente. Si de 100 clientes que sirves, uno logra identificar y apreciar tus esfuerzos, eres dichoso.

A la mayoría de las personas no les gusta escuchar quejas de sus clientes. Sin embargo, las quejas son una de las maneras más seguras de identificar aquello que nuestros clientes valoran. Debemos estar agradecidos por las quejas. Estas son una comunicación directa de lo que debo corregir para añadir valor. Escuchar quejas nos comunica exactamente cómo proceder. Haga lo opuesto a lo que es la queja y se asegurará de ofrecer valor a su cliente.

Otra estrategia es investigar las cosas y las personas que sus clientes admiran. Esto es otra comunicación directa que le indica exactamente lo que sus clientes valoran. Una vez usted conoce las cosas y las personas que sus clientes admiran, se debe dar a la tarea de analizar esas cosas y esas personas para extraer elementos que pueda utilizar para incorporar y añadir valor a su propuesta.

Por ejemplo, tengo un amigo que viaja únicamente en aviones privados. Esto significa que él valora muchísimo su tiempo. Está dispuesto a pagar grandes sumas de dinero para economizar tiempo y maximizar lo que puede hacer durante una semana. Regularmente viaja entre 4 y 5 veces a la semana en aviones privados monitoreando su negocio en distintas ciudades del mundo. Conocer esto me indica que cualquier negocio que desee hacer con él tiene que tener como elemento principal la valorización de su tiempo disponible.

El costo del producto o servicio no es de mucha importancia siempre y cuando pueda mantener su tiempo disponible para atender otros asuntos que para él tienen mayor prioridad.

Contrasta esto con alguien que siempre compre en Wal-Mart o que esté pendiente a los especiales de los supermercados para efectuar sus compras. Es probable que este tipo de persona tenga más tiempo disponible y esté dispuesto a invertir más de su tiempo a cambio de mejores precios.

Otra manera de identificar cómo añadir valor a los demás es conociendo cuáles son las responsabilidades de la persona y sus objetivos. En vez de movernos hacia nuestras responsabilidades y objetivos, debemos enfocarnos en las responsabilidades y objetivos de los demás. Esto no es ninguna ciencia, todos lo conocemos. Irónicamente, es una de las áreas en las que fallamos frecuentemente. Se nos hace fácil enfocarnos en nosotros y muy difícil enfocarnos en los demás.

Mientras más se enfoque en los demás, más rápido hará negocios con sus prospectos clientes. Para esto tenemos que hacer preguntas, muchas preguntas a nuestros prospectos clientes. Es vital conocer los objetivos de nuestros clientes para comenzar a hacer nuestra asignación de identificar de qué manera podemos apoyarlos a obtener los mismos. Esta es la tarea de toda empresa. Identificar la necesidad real, satisfacerla y repetir esta rutina.

Finalmente, identifique aquello que sus clientes aman, lo que les apasiona en la vida (pregunten). Luego, busque la manera de que a través de sus servicios o productos estos tengan mayores oportunidades de hacer lo que desean hacer. La clave está en definir detalladamente aquello que sus prospectos clientes consideran de valor en sus vidas y ofrecerles la mejor oportunidad para que estos obtengan ese valor.

Todas las personas son diferentes, así que la tarea no es fácil, pero sí existen denominadores comunes y son estos los que usted debe definir con claridad. El éxito no tardará en llegar porque está haciendo exactamente lo que tiene que hacer.

Piense en el fenómeno de Facebook®. La rapidez con la cual ese negocio creció se debe a que identificaron algunas cosas que casi todo el mundo tiene en común, la necesidad de conectarse y enterarse de lo que está ocurriendo en la vida de los demás. Antes de Facebook®, usted podía enterarse únicamente de lo que le ocurría a personas famosas o populares en la sociedad.

Ahora usted puede enterarse de lo que le pasa a todo el mundo. Facebook® perfeccionó y continúa mejorando ese sencillo concepto sin hacer mucho más. Todo lo que Facebook® incorpora a su plataforma está dirigido a mejorar la experiencia de conectarse y enterarse de lo que está ocurriendo. Ese es su valor y ese valor tiene una capitalización de mercado de billones de dólares.

De igual forma, usted puede aumentar la capitalización de mercado de su negocio. Identifique el denominador común de su nicho de clientes y asegúrese de ser la persona o empresa que no solo satisface esa necesidad, sino que continúa sus esfuerzos en mejorar la experiencia para sus clientes de manera consistente. Esa es la clave, define tu valor, ahí radica la fórmula de la abundancia.

El Principio de Pareto

Vilfredo Pareto era un economista italiano que formuló en el 1895 una regla basada en la observación e investigación que realizó durante muchos años. Su conclusión fue que la sociedad se puede dividir en dos grupos de personas. El primer grupo representa el 20% que son vitales para el avance del desarrollo de las sociedades. El segundo grupo representa el 80% de los seguidores y controlados por el otro 20%. Esto se conoce hoy día como el Principio de Pareto o la regla 80/20.

Podemos aplicar esta regla de 80/20 a todos los aspectos de la vida.

El 20% de las personas generan el 80% de los ingresos.
El 20% de los invitados se come el 80% de la comida.
El 20% de las personas ocupan el 80% de tu tiempo.
El 20% de tus acciones obtienen el 80% de los resultados.
El 20% de la ropa se usa el 80% del tiempo.
El 20% de los productos representa el 80% de las ventas.
El 20% de las personas causan el 80 de los problemas.
El 20% de tu esfuerzo te ofrece el 80% de tu producción.
El 20% de un libro tiene el 80% del contenido.
El 20% de tus clientes representa el 80% de tus ventas.
El 20% de las personas conocen el Principio de Pareto.

Es menester conocer y dominar el Principio de Pareto y emplear el 80% de nuestro tiempo desarrollando aquellas actividades que producen ese 20% que da los mejores resultados.

Enseña a tu equipo el Principio de Pareto para que estos a su vez se conviertan en personas altamente productivas cuyos esfuerzos son compensados de manera abundante. Al aplicar el Principio de Pareto estarás enfocándote realmente en aquello que te permitirá obtener el mejor de los resultados.

¿Cómo aplico lo aprendido?

_____

_____

_____

_____

_____

_____

_____

_____

_____

_____

_____

_____

_____

_____

Tu Éxito Depende
de tus Sistemas

Decía el filósofo de negocios Jim Rohn que si usted no diseña su plan de vida, terminará dentro del plan de vida de otra persona. Lo que otras personas tienen planificado para usted, no es mucho. La vida es muy simple, pero mantenerla simple es muy difícil. Mientras más experiencia y conocimientos se adquieran en la vida, más sencilla debería ser. No obstante, la vida tiene una manera de complicarse y mantenerla simple requiere un trabajo arduo y a veces, agotador.

Aquellos determinados a simplificar su vida y convertirla en una más eficiente deben establecer sistemas de éxito. Estos sistemas tienen que ser afin con el desarrollo personal y profesional del individuo. Planificar tu vida y establecer sistemas de éxito es un trabajo de descubrir quién eres, de conocerte a ti mismo. Esa tarea no es fácil, pero es uno de los propósitos de vida de los seres humanos.

Una vez te conoces (o comienzas a conocerte), puedes de manera más eficiente planificar tu vida con estrategias y sistemas que funcionen. Una vez tu vida está en relativo orden, puedes comenzar a aplicar estas estrategias a tu vida profesional. A continuación, te ofrecemos algunas estrategias para establecer sistemas de éxito que aporten a tu crecimiento:

1. Cuando planifiques tu vida, multiplica todo por dos.
Las cosas importantes de la vida, por lo general, toman más tiempo del que inicialmente pensamos. Esto es particularmente cierto con respecto a nuestro crecimiento personal. Si piensas

que algo tomará un año, planifica para dos años. Si piensas que algún proyecto costará $1,000 dólares, presupuesta $2,000. Si piensas que perderás 20 libras de peso, planifica tener ropa que acomode una pérdida de 10 libras de peso.

2. Escucha programas de audio semanalmente

Los programas de audio representan una universidad portátil. Es posible obtener más conocimientos y preparación que en un programa universitario durante la práctica de escuchar programas de audio que enaltezcan tu ser y crezcan tus habilidades de desempeño tanto a nivel personal como profesional. Esto es uno de los secretos de las personas más exitosas del mundo.

3. Lee por lo menos un libro al mes

La gente más exitosa lee por lo menos un libro semanal. La práctica de la lectura es una de las disciplinas más protegidas por las personas altamente exitosas del mundo. Estos reconocen que para triunfar y sobre todo, para mantenerse triunfando tienen que mantenerse leyendo para nutrir su mente y estar siempre a la vanguardia de su industria o profesión.

4. Mantén un diario

Aquí documentarás lo aprendido y planificarás cómo utilizarlo. De nada nos vale aprender mucho y participar de los mejores programas educativos sino lo ponemos en práctica de inmediato. La clave del crecimiento personal y consecuentemente el crecimiento de tu negocio es documentar lo aprendido e incorporarlo dentro de la planificación constante de tu negocio.

Una de las mejores estrategias es designar un lugar donde de manera regular reflexionarás sobre tu vida y negocio y anotarás todo aquello que pueda ayudarte y cómo lo aplicarás; si es posible de inmediato. Todos los días de tu vida deben ser un experimento donde practicas las lecciones aprendidas a través de tu programa de crecimiento personal y profesional.

5. Asóciate con personas que conocen cómo crear sistemas y estén dispuestos a ayudarte

La mayoría de las personas van por la vida sin rumbo alguno. Es importante que en tu camino hacia el éxito identifiques a aquellas personas que puedan ayudarte a desarrollar sistemas en todas las disciplinas (salud, espiritualidad, social, mental, etc.). Uno de los mejores libros que te puede a ayudar a encaminarte hacia el desarrollo de sistemas es *El Mito Empresarial* del autor Michael Gerber.

La parte más importante de una vida con sistemas es pensar en sistemas. Todo lo que te rodea tiene que tener un sistema de cómo llevarse a cabo. Desde tu desarrollo personal hasta el orden en que tus prospectos y clientes avanzan hasta la culminación de la transacción. Crear estos sistemas y asegurarte de que están trabajando para ti debe ser prioridad principal en tu negocio.

6. Conoce la definición de *Sistema*

Un sistema es un proceso de predicción para alcanzar tus metas y objetivos. Este proceso está basado en un orden específico de principios y prácticas que han demostrado ser exitosas. Los sistemas maximizan la utilización de tu tiempo, dinero y habilidades para que de esta manera se acelere la obtención de tus metas. Los sistemas son deliberados, intencionales y prácticos.

Una vida sin sistemas es una vida donde las personas tienen que abordar todos sus retos y situaciones siempre desde el principio. Los sistemas te ofrecen la fórmula a aplicar cuando estas situaciones surjan para evitar tener que reinventar la rueda una y otra vez.

7. Incorpora medición a tus sistemas

Es vital monitorear toda tu actividad. La medición es el primer paso para controlar y eventualmente mejorar tu producción. Si no conoces tus números, no puedes medirlos.

En resumen:
1. Si no puedes medirlos, no los puedes entender.
2. Si no los puedes entender, no los puedes controlar.
3. Si no los puedes controlar, no los puedes mejorar.

Todo comienza con la medición. Utiliza la nevera, el baño, el espejo de tu cuarto, las paredes de tu oficina y tu auto para desplegar tus metas y los sistemas a utilizar para alcanzarlas.

¿Cómo aplico lo aprendido?

_____

_____

_____

_____

_____

_____

_____

_____

_____

_____

_____

_____

_____

_____

El Camino a Convertirte en un Experto

Una de las mejores sorpresas de la vida es que después de haber luchado por mucho tiempo para lograr lo que deseamos, nos percatamos de que la respuesta a nuestro camino a seguir para alcanzar el éxito siempre estuvo dentro de nosotros. El éxito, muchas veces, no tiene nada que ver con tus técnicas de venta o habilidades de negocio; aunque estos elementos son muy importantes. La manera en que piensas es el elemento más importante.

Tu actitud, disposición y expectativa tiene la mayor influencia en las probabilidades de alcanzar el éxito y los objetivos deseados. Una de las tareas más importantes al momento de crecer en tu negocio y como profesional es convertirte en un experto dentro de tu industria en el nicho que hayas escogido trabajar. Existen siete niveles en la escala que te llevará a ser reconocido como un experto en tu campo.

1. El novato
Este es el nivel más básico de la escala. Aquí es donde obtienes la educación necesaria para ejercer tu profesión. Por primera vez comienzas a conocer sobre la industria y te das a la tarea de adquirir las certificaciones, permisos, licencias y créditos educativos necesarios para cumplir con los requisitos mínimos de la industria.

2. El trabajador bajo supervisión
Tienes un trabajo y comienzas a sentirte cómodo con la tarea que tienes que realizar. Necesitas estar bajo supervisión.

Conoces qué hacer porque alguien te está guiando y te lleva de la mano.

3. El practicante
Comienzas a ver el potencial de la industria. Comienzas a socializar con tus nuevos colegas. Comienzas a leer las revistas y libros sobre la industria para profundizar en algunos temas que te causan interés. Comienzas a participar de eventos educativos. Comienzas a comparar tu producción con la de otros para así saber cómo mejorar.

4. El especialista
En este nivel comienzas a observar que algunas cosas se pueden mejorar. No necesitas preguntarle a otros qué hacer. Conoces y dominas tu trabajo. Eres competente. Comienzas a desarrollar pasión por la industria. Comienzas a aportar a la industria.

5. La autoridad
En este nivel comienzas a desarrollar tu reputación como profesional dentro de la industria. Frecuentas eventos. Solicitan tu presencia como orador para conferencias, talleres y eventos educativos al igual que foros sobre el estatus y futuro de la industria. Escribes sobre la industria y participas activamente en la prensa y los medios. Comienzas a recibir muchos referidos profesionales que te ayudan a crecer tu negocio. En este nivel has encontrado una mejor manera de desarrollar el negocio exitosamente.

6. El líder de opinión
En este nivel ejerces gran poder e influencia en la industria. Solicitan tu apoyo y opinión para guiar las actividades y desarrollo de las distintas organizaciones. Ya no juegas con las reglas de la industria; determinas, respetuosamente, tus propias reglas. Solicitan tu presencia frecuentemente en las convenciones y conferencias anuales porque te ven como alguien que puede ayudar a los demás a crecer sus negocios. Tu voz se convierte en una voz de autoridad y respeto.

7. La leyenda

Finalmente alcanzas un nivel con estatus de altura. Has hecho grandes cosas por tanto tiempo y con tal calidad que finalmente se reconoce tu valor dentro de la industria. Tus esfuerzos son consistentes. Has creado un estándar de excelencia que otros pueden utilizar para crecer profesionalmente y desarrollar sus negocios. Te conocen dentro de toda la industria. Estás en una posición ideal para aportar positivamente a los demás, mejorando la industria y tu entorno.

A través de las lecciones de este libro irás identificando uno por uno todos los elementos que necesitas desarrollar para ir escalando cada uno de los niveles hasta convertirte en una leyenda dentro de tu industria. Es vital conocer y poder identificar estos niveles al igual que trabajar de manera intencional para alcanzarlos.

¿Cómo aplico lo aprendido?

Tres Factores Esenciales para Desarrollar tu Negocio

Todo negocio tiene tres componentes importantes que necesitan ser estudiados, revisados y monitoreados para asegurarte de que en realidad estás desarrollando un negocio sólido y rentable. Estos factores representan una excelente herramienta de evaluación y deben utilizarse como guía de manera regular para medir la temperatura de tu negocio. A continuación discutiremos los tres factores esenciales para desarrollar tu negocio.

1. La gente

Es obvio que sin gente, no tienes negocio. Sin embargo, no puede ser cualquier persona la que tengas en tu empresa. Es vital parear las tareas con las habilidades y talentos de tu gente. El primer paso debe siempre ser un cuestionario de personalidad. Cuando pareas las distintas tareas con el personal correcto, estás maximizando el potencial del negocio, reduciendo gastos y aprovechando el tiempo. Es importante también que desarrolles un ambiente que conduzca al crecimiento. Tu ambiente de trabajo y cultura empresarial debe reflejar los valores que sirvieron como los principios para comenzar tu negocio. Evita reclutar personas que NO se ajusten a tus valores y principios. Para lograr esto debes estar claro en lo que realmente son tus valores y principios. Estos deben estar por escrito y revisarlos regularmente. Es perfectamente posible que estos cambien durante el transcurso de tu negocio. Recuerda, no estamos hablando de valores y principios morales, sino de valores y principios del negocio.

2. El producto o servicio

Conocer tu producto o servicio es esencial para tu éxito. No todos los productos o servicios se mercadean de la misma manera. Aún dentro de tu industria, distintos productos o servicios se mercadean utilizando diferentes estrategias. Muchas personas quieren aplicar el mismo mercadeo a todos los servicios o productos. Tenemos que regularmente preparar encuestas para conocer el sentir del consumidor (prospecto potencial) de nuestro producto en particular. Tenemos que conocer qué hace de nuestro producto la mejor alternativa para nuestros clientes. Si nuestro producto NO es la mejor alternativa para nuestros clientes, debemos entonces cambiar el producto o cambiar los clientes.

3. El proceso

Los sistemas operacionales son la clave de un negocio eficiente y con posibilidad de expansión. Tu negocio tiene que ser manejado como si fuera una franquicia. Todo proceso debe ser documentado. Debe existir un orden en el cual se realizan todas las tareas administrativas, de ventas, de mercadeo y operacionales en general. Cuando surjan retos, dificultades y problemas, la pregunta que debemos hacernos es: ¿cuál es el sistema que estamos utilizando para esto? De no existir sistema alguno, la pregunta tiene que entonces ser: ¿qué sistema puedo implementar para evitar de una vez por todas que esto que acaba de ocurrir, ocurra nuevamente?

Cuando comienzas a pensar en sistemas, te percatas de que la mayoría de los problemas son el resultado de una falta de planificación. Los problemas son los indicadores que te alertan a qué áreas dentro de tu negocio necesitan fortalecerse. Observa tu negocio, establece sistemas, identifica todos los procesos y estarás en camino hacia un crecimiento sostenible.

¿Cómo aplico lo aprendido?

El Experto

Toda industria, profesión o actividad tiene una persona que se ha destacado de manera sobresaliente. Esta persona se ha convertido en el experto en su industria, mercado o nicho en particular. A través de su enfoque en la industria y estudios avanzados, los expertos son personas que siempre están estudiando y mejorando sus habilidades y destrezas en su área de trabajo. Ese es el tipo de persona en la que nosotros queremos convertirnos. Alguien quien sea la autoridad indiscutible en tu mercado en particular.

Una característica de estas personas es su disponibilidad para ayudar y apoyar a otros. Los expertos o las personas que dominan su industria, siempre están abiertos a compartir sus conocimientos, experiencias, contactos y recursos. Esta es una distinción que resulta de una confianza personal sólida. Aquellas personas que no se sienten seguros de sí mismos son los que constantemente le ponen trabas por temor a que en algún momento usted se les pase. Hay muchas personas que aparentan ser expertos en su mercado o industria; sin embargo, se esfuerzan más en guardar, cuidar de lo suyo que en fortalecer sus habilidades y destrezas para convertirse en un experto REAL. En ocasiones usted puede solicitar la ayuda o cooperación de estas personas para escuchar algunas de las siguientes aseveraciones:

- ➤ Eso es mi arroz y habichuelas.
- ➤ Me estás quitando el guiso.
- ➤ Yo te ayudaría, pero ese es mi mercado.
- ➤ Lo que pasa es que ese es mi mismo cliente.

Estos tipos de comentarios surgen de personas que no se han desarrollado al máximo en su disciplina. El experto REAL siempre le abrirá las puertas para que progrese, para que usted logre la abundancia. Él conoce que puede recrear su éxito en cualquier momento porque ha aprendido a hacerlo en su vida. Es por eso que es el experto.

Los expertos se convierten muchas veces en mentores de otras personas genuinamente interesadas en progresar en su industria. Están dispuestos a dar de sí sin restricciones ni tapujos. No condicionan su colaboración, a diferencia de otros que siempre que les pides apoyo, están buscando qué van a conseguir a cambio. Cuando el experto se convierte en mentor, desarrolla a otros que muchas veces superan su estatus y producción.

Un mentor experto no le teme a esta posibilidad. Todo lo contrario se siente honrado que alguien a quien ayudó a desarrollar ahora ha superado su propio nivel y sobrepasado sus estándares. Esto es exactamente como debe evolucionar esta relación. Si el que viene detrás hace su trabajo de la manera correcta, pudiera incluso sobrepasar al primero. Cuando existe la disposición real de darse por completo, aquel que es sobrepasado siente una enorme satisfacción por el trabajo que ha realizado. Este es el mayor gozo del cual puede disfrutar un mentor.

Es vital que nos dediquemos a convertirnos en los expertos dentro de nuestro nicho o especialidad de trabajo. Igualmente, tenemos que estar siempre en la disposición de aportar a aquellos que buscan incursionar en ese mismo campo. Pudiera ser que inicialmente usted piense que está preparando a su competencia. Lo que en realidad está ocurriendo, si hace las cosas bien, es agrandando su mercado, su nicho, las posibilidades dentro de su especialidad.

La Evolución de un Líder

Para que una persona se considere un experto debe haber transcurrido muchas horas de práctica, estudio, desempeño y repetición dentro de esa área en particular en la cual se pretende ser experto. Haber realizado sus tareas varias veces, haber obtenido designaciones o certificaciones no necesariamente te cualifica como experto.

Es menester profundizar mucho más allá de lo obvio. Las clases, cursos, talleres, designaciones, certificaciones y todo tipo de educación fungen como una introducción al tema estudiado. Todo esto representa únicamente el comienzo. Los denominados expertos son aquellos que han decidido hacer de su vida un estudio constante y cada vez más detallado y especializado de su área de elección.

Lo que hace la diferencia entre los profesionales más competentes no es lo que aprenden en el salón de clases, sino, lo que aprenden por sí solos en su deseo de conocer cada día más su materia. Sin embargo, en lo que usted se convierte en un experto puede tomar ventaja del crecimiento que va experimentando a través de sus experiencias. Aunque tome mucho tiempo convertirse en un experto, dominar su nicho, mercado o industria puede hacerse en un período mucho más corto de tiempo. Aunque la repetición es lo que nos convierte en expertos, la práctica diaria (antes de ser expertos) es lo que perfecciona nuestra repetición.

La mayoría de las personas no profundizan en sus conocimientos y experiencias dentro de su práctica de trabajo. Por ende, aquellos que sí se dan a la tarea de "tomar su vida en serio" tienen un gran ventaja competitiva, aún sin ser necesariamente expertos. No obstante, la persecución constante e intencional de la excelencia dentro de tu nicho, te llevará inevitablemente a convertirte en un experto. Existen personas que llevan 20 años trabajando en la industria y tienen a lo sumo 2 años de experiencia. Durante esos 20 años han repetido su experiencia 10 veces. Hay otros que llevan 2 años en la industria y como resultado de su enfoque intenso en mejorarse cada día han logrado acumular 20 años de experiencia. En otras palabras, han logrado apalancar el tiempo y sus experiencias de manera tal que estas representan el equivalente a 20 años cronológicos.

Otro aspecto que te ayudará a convertirte en un experto es mediante la implementación de tus conocimientos adquiridos de manera inmediata. Algunas personas adquieren todo tipo de conocimientos y se siguen preparando para cuando llegue el "día" sentirse cómodos y ejecutar debidamente. Esto es una gran pérdida de tiempo y de vida.

Como he mencionado anteriormente, tenemos que aprender a sentirnos cómodos, estando incómodos. Sentirnos cómodos con la incomodidad, con la incertidumbre, con la duda. Logramos esto tomando acciones pequeñas que conocemos que sí podemos realizar. Tenemos que aprender a tomar la mayor acción que podamos con el conocimiento que tenemos hasta el momento.

Esperar a que lo sepamos todo para tomar acción es el camino seguro al fracaso. Como dice el refrán sufí: "el conocimiento sin acción es como un burro cargado de libros". Muchas personas quieren conocerlo todo antes de tomar acción y se les va la vida sin haber tomado la suficiente acción necesaria como para alcanzar sus objetivos.

Es interesante observar que cuando alquien trabaja para otros y estos le solicitan hacer algo (tomar acción) no dudan, ni demoran en hacerlo. Pero cuando tienen que hacer lo mismo (tomar la misma acción que le hubiese solicitado un tercero) para ellos, para su propia empresa, la disposición no es igual.

Es un enigma casi indescifrable del ser humano el que otros piensen que usted es capaz de alcanzar logros y que nosotros muchas veces dudemos de nuestra capacidad para producir.

A través de esta lección usted podrá identificar aquellas áreas en las que no se siente muy competente y comenzar a implementar acciones pequeñas que sí domina.

Varias acciones pequeñas tienen el poder de magistralmente fortalecer su autoestima, de darle la confianza necesaria para tomar acciones más complejas que eventualmente lo convertirán en el experto que siempre ha deseado ser. No esperes más, decide ahora mismo cuál será tu primera acción en tu camino para convertirte en un experto.

Solo toma una mente decidida y un corazón valiente para perseguir con intensidad el sueño que el Todopoderoso tiene reservado para ti. No esperes más, comienza ahora mismo. Son muchas horas las necesarias para convertirse en experto. Cada minuto cuenta.

¿Cómo aplico lo aprendido?

_____

_____

_____

_____

_____

Cuatro Pasos para Ganar

Una de las preguntas más importantes que podemos hacernos es: ¿estoy ganando en este momento? Observa las distintas áreas de tu vida: relaciones, carrera, finanzas, espiritual, salud y otras. ¿Cuál es el estatus y calidad de mi vida en cada una de estas categorías? Existen muchos principios de éxito que podemos implementar en nuestras vidas. En esta lección discutiremos cuatro pasos para ganar.

1. Ten la expectativa de ganar

Para ganar en la vida, hay que primero comunicarle a nuestra mente que estamos en espera del triunfo, de ganar. Esta actitud desarrolla resiliencia y determinación.

Los ganadores no planifican otra alternativa por si acaso no ganan. Sí planifican otras alternativas, por si la primera no funciona. Lo importante es que una vez se fijen las metas, no se cambien; sin embargo, la manera de alcanzarlas pudiera cambiar. No obstante, el objetivo tiene que ser el mismo.

Los ganadores no renuncian a sus objetivos por el mero hecho de que hasta el momento no han tomado la acción necesaria para lograr su meta. Todo lo contrario, los ganadores adoptan una actitud de "hoy comienzo otra vez". Es esa resiliencia, esa habilidad de comenzar una y otra vez, la que distingue a los ganadores. Las personas, muchas veces, de manera equivocada, piensan que los ganadores son personas con una determinación infalible. Nada más lejos de la verdad. Todos somos humanos y por ende tenemos debilidades. Si en algún momento has abandonado tus disciplinas, hoy es un buen día para comenzar. Esa es la actitud de un ganador en la vida.

2. Planifican ganar

a. La planificación es la manera práctica de enfocarnos y dirigirnos hacia nuestras expectativas y eliminar las distracciones. Decía Zig Ziglar que si tienes sueños pero careces de un plan de acción para llevarlo a cabo, eres únicamente un soñador, no un hacedor. Planifica con la expectativa de ganar y renuncia a bajar tus estándares.

b. Todo plan debe estar documentado por escrito y ser revisado de manera regular para asegurar que estamos tomando las acciones necesarias para alcanzar su objetivo.

c. Evita la necesidad de tener un plan perfecto e infalible, antes de comenzar a tomar acción. La búsqueda por la perfección pudiera mantenerte toda la vida alejado del éxito. La perfección no es un sitial que se alcanza, sino una forma de vivir. Lo mejor que tengas hoy y que puedas dar hoy, representa tu perfección hoy. Mañana todo mejorará. No intentes alcanzar la perfección de mañana hoy, sin recorrer el camino necesario para llegar.

3. Juega para ganar

a. Aquellos que alcanzan grandes logros tienen un corazón de ganador. Esto significa que tienes que aprender a disfrutar el juego mientras llegas a tu meta. Muchas personas se desesperan y dejan de disfrutar el camino hacia su meta. El éxito es en sí, el camino, no el destino. El destino es la recompensa por el trabajo hecho durante el camino, pero es el camino el que tienes que disfrutar.

b. Si te enfocas y disfrutas del camino, evitarás distracciones innecesarias. Las distracciones consumen demasiada energía. Esta energía tiene que ser canalizada para la obtención de tus logros y a ganar el juego de la vida.

4. Vive para ganar

a. Los ganadores siempre están ganando. Esto no significa que carezcan de retos en sus vidas, sino que aún con los retos que enfrentan, encuentran la manera de sobreponerse y continuar ganando. Los tropiezos no significan fracasos, sino más bien obstáculos para probar nuestra fortaleza hasta el momento.

b. Los ganadores conocen que es el éxito su mayor reto. Es fácil recostarse cuando ganamos y decidir disfrutar del logro. Es importante hacer una distinción entre celebrar nuestro éxito y recostarnos de nuestro éxito. Si recordamos que el éxito es el camino y no el destino, se nos hará más fácil proceder a nuestro próximo objetivo.

Los ganadores ganan por la persona en la que se han convertido, no por las estrategias que aplican. Cuando dominamos los pasos para desarrollar la expectativa para ganar, planificamos para ganar y jugamos para ganar, no queda otro remedio que vivir para ganar. Los resultados hablan por sí solos. Aplica estos pasos para desarrollar una mentalidad de ganador y jamás tendrás que anunciar tus logros. Estos saldrán a relucir automáticamente.

Encabuya y Vuelve y Tira

Muchos aún recordamos la famosa frase popularizada por el comediante José Miguel Agrelot (Don Cholito): *Encabuya y Vuelve y Tira*. Aquellos que hemos tenido la oportunidad en nuestras vidas de jugar trompo, conocemos muy bien el significado de la misma. Para poder disfrutar de un buen trompo girando, es vital que el cordón con el que este se amarra, se coloque adecuadamente y con firmeza. Únicamente de esta manera el trompo tiene la posibilidad de girar de la forma en que deseamos.

También, hay que saber cómo tirarlo al piso y halar el cordón en el momento justo. Pensándolo bien, son muchos requisitos y técnicas para un simple juego. Así mismo es la vida. Afortunadamente, la gran ventaja de jugar trompo, era la oportunidad de comenzar siempre de nuevo, si inicialmente no se hacía correctamente. Muchas veces nuestros amigos, por lo general, mayores de edad, nos mostraban cómo encabuyar, tirar y halar el trompo para que el mismo nos deleitara con su baile.

La vida y particularmente los negocios nos brindan la misma oportunidad todos los días de nuestras vidas. La mayoría de los negocios son muy nobles y nos permiten regresar a ellos con más determinación y fuerza. Las destrezas utilizadas en los negocios son como un juego de LEGO™ que te permite utilizar todas las piezas nuevamente si la vez anterior en la cual las usaste tu resultado no fue lo esperado. Tu conocimiento no se desecha, tus experiencias no se desechan, tus relaciones no se desechan. Las puedes agrupar y utilizar de nuevo. En las palabras de Don Cholito: "Encabuya y Vuelve y Tira".

Toda temporada facilita el ejercicio de la introspección de la autoevaluación y un análisis de vida. Para obtener el mayor éxito posible es necesario que tengamos en balance todos los aspectos de nuestra vida: nuestro negocio, nuestras finanzas, nuestras relaciones sociales, nuestras relaciones personales, nuestra condición física, nuestra salud mental y nuestro desarrollo espiritual, entre otros. Este balance nunca será perfecto, pero tampoco nos podemos dar el lujo de que esté demasiado desbalanceado.

Por ejemplo, hoy es un buen día para fijarnos el objetivo de ahorrar el 10% de nuestros ingresos e invertirlo en vehículos financieros seguros. Aunque tengamos que comenzar con 1% en lo que desarrollamos el hábito y nuestras finanzas se empiezan a poner en orden. El mero hecho de tomar la decisión de realizar estos ahorros de manera regular te dará la capacidad de hacerlo, a la vez que te regalará ese sentimiento de control y progreso tan necesario para avanzar en el camino de tus finanzas. No tienes que tener millones en el banco para sentirte como millonario. Si planificas convertirte en millonario y comienzas hoy con pasos pequeños, ya te beneficiarás del sentimiento de ser millonario. Esto no tiene nada que ver con el dinero que tengas en el banco. La fortuna llega primero a la cabeza y luego se materializa en tus cuentas de banco y activos.

Lo mismo ocurre con nuestra condición física y de salud. Pequeños avances tienen el poder de inspirarte a continuar a través de un camino que te conducirá a una salud y energía abundante. Uno de los mejores ejercicios y uno de los más fáciles de implementar y hacer es caminar. Una buena rutina de caminar puede ofrecerte los beneficios de los más avanzados equipos y programas de ejercicio. El Todopoderoso en su inmensa sabiduría se encargó de que todo lo que necesitas para cuidarte en la vida, lo tengas contigo de manera natural. Un par de piernas y la disposición de caminar es todo lo que hace falta para desarrollar y mantener una salud y condición física extraordinaria. No hay que complicarse la vida con membresías en gimnasios ni equipos costosos. Si los tienes, excelente, pero si no los tienes, no te hacen falta.

Tenemos que cuidarnos de una sociedad consumerista que muchas veces te hace creer que el no tener 'esto' o 'aquello' significa que eres menos o que estás en desventaja. Nada más lejos de la verdad. Eres un ser humano completo y capaz tal y como eres en este momento. Muchas veces lo exterior en realidad nos roba de lo mejor que llevamos en nuestro interior. El ser humano viene equipado completamente. Con todas las opciones, como un carro de lujo, último modelo, con todos los muñequitos y chulerías.

Si poseemos todo lo que necesitamos y si tenemos la capacidad de comenzar (Encabuya y Vuelve y Tira), no carecemos de nada para proseguir con nuestros sueños en la vida.

Cuando jugamos con un trompo, queremos que el mismo caiga de punta en el piso y que continúe bailando el mayor tiempo posible. En la competencia de la vida, queremos lo mismo. Caer de punta representa comenzar bien, con el pie derecho. Los sistemas nos ayudan a caer de punta. La diferencia entre hacer negocios al azar y hacer negocios mediante la utilización de sistemas, es la misma diferencia entre un trompo caer de lado en el piso o caer perfectamente de punta y girar por un largo rato.

Durante nuestra instrospección, evaluemos la calidad y efectividad de aquellos sistemas que estamos utilizando para de esta manera identificar cuáles requieren modicarse, cuáles eliminarse y cuáles debemos reforzar para que nuestro trompo resulte ser el ganador.

El Sueño que te Quita el Sueño

Desde niños hemos soñado lograr muchas cosas. A través de nuestra vida, vamos preparando el camino para alcanzar nuestros sueños, nuestros objetivos, nuestras metas. Mientras más jóvenes somos, mayores posibilidades creemos poder alcanzar. Muchas veces con el pasar de los años, las sorpresas de la vida nos alejan de aquello que hemos soñado. Se requiere, entonces, de una mente desarrollada y una actitud enfocada para no desviarse del camino inicial. La vida nos presenta muchos desvíos, pero es responsabilidad nuestra siempre regresar al camino.

Lo primero que tenemos que establecer es que vivir tu sueño, cambiar tus hábitos, recrear tu vida, sobreponerte al negativismo no es fácil. Es un reto y una tarea muy difícil. Vivir es difícil. Si vivir simplemente, es difícil, imagínense vivir su vida exactamente como ustedes desean que se viva. Siempre hay algo que interrumpe nuestra vida. Para manejar esta realidad, lo primero es trabajar con nosotros. Esto significa tener un plan de desarrollo personal contínuo el cual tenga en su vida prioridad sobre todas las cosas. Muchas veces estamos atrasados con nuestros sueños y también con nuestras finanzas. Sí, porque estas dos van de la mano.

La mayoría de las personas no alcanzan la grandeza, simplemente porque se distraen con actividades secundarias que NO los llevan hacia sus sueños. Tenemos que aprender a decir NO a lo superfluo para poder decir SÍ a lo que tiene el potencial de transformar mi vida.

Ocasionalmente, no tenemos el deseo de prospectar para nuevos negocios. No tenemos el retiro asegurado y carecemos del deseo de prospectar, tenemos deudas y carecemos del deseo de prospectar, los hijos van para la universidad y no tenemos el deseo de prospectar, queremos mudarnos y no tenemos deseos de prospectar, necesitamos cambiar nuestro carro y no tenemos deseos de prospectar. Es absurdo, no entendemos claramente la relación que existe entre nuestros hábitos de prospectar, de hacer lo que se requiere hacer y los resultados que obtengo en mi vida diaria. No podemos vivir nuestra vida como si fuera eterna. Tenemos que hacer cada minuto contar y tenemos que comenzar ahora. Mañana ya es tarde.

El sueño que te quita el sueño, es un indicador, una pista de ese regalo tan grande que el Creador ha reservado para ti. A ratos se nos hace difícil levantarnos en la mañana. El desánimo se apodera de nuestro ser. Ánimos depresivos pudieran ocupar tu mente. Esto es un indicador de que has perdido de vista tu sueño, de que te estás distrayendo con cosas menos importantes.

Cuando un sueño arde en tu interior, no importa cuántas horas hayas trabajado, siempre tendrás la energía física para despertar temprano y continuar con tus tareas. El sueño que te quita el sueño, viene acompañado de una energía especial que es más poderosa que cualquier agotamiento físico o mental. Esta energía es capaz de reponer nuestra energía total de manera casi inmediata. No solo eso, sino que eleva a un nivel muy superior nuestro desempeño. Operar dentro de esta energía, es estar sincronizado con el universo y nuestro propósito de vida.

Decía el cantautor argentino Facundo Cabral que una vez su madre cuando estaba a punto de morir, lo llamó aparte para decirle lo siguiente: "Yo me voy a ir de este mundo feliz, porque cada vez te pareces más a lo que cantas". Continuaba Facundo diciendo que uno termina convirtiéndose en su sueño. En otras palabras, cuando nos damos a la tarea de identificar nuestro sueño y repetirlo de manera regular, es inevitable que nos convirtamos en el sueño, que alcancemos nuestros sueños. Ese precisamente es el mensaje de esta lección.

No sé cuál es tu sueño. Tu sueño y mi sueño probablemente son diferentes. Pero sí sé que si no tienes un sueño, un sueño que te quite el sueño, andas deambulando por la vida. Si cuando te acuestas por la noche no tienes el deseo de que ya llegue el otro día para trabajar en tu sueño, entonces es hora de hacer un alto en tu vida e identificar nuevamente cuál es tu sueño. Porque todos tenemos un sueño dentro de nosotros.

Lo que pasa es que muchas veces las interrupciones de la vida nos hacen olvidar nuestros sueños. La lectura de esta lección debe despertar nuestros sueños, no de nuestros sueños, nuestros sueños. Hay una diferencia entre despertar *de* y despertar *los*. Queremos despertar *los* sueños. Con la ayuda de las tres C: control, claridad y calma. Cuando conocemos nuestros sueños, cuando tenemos claridad con respecto a exactamente qué es lo que deseo, comenzamos a obtener control en nuestras vidas y entonces nos baña la calma.

Para comenzar a tener claridad, control y calma, tómate el tiempo para escribir las principales cinco razones por las cuales tienes que alcanzar tus sueños. Si conoces las razones por las cuales tienes que alcanzar tus sueños, estas te levantarán cuando la vida te tumbe, porque te va a tumbar muchas veces. Que la vida te tumbe es normal. Lo que no es normal y lo que te hará exitoso es trabajar de antemano la resiliencia para sobreponerte a todos los golpes que recibas.

Para esto tienes que ser adiestrado. Un boxeador sube al cuadrilátero sabiendo que lo van a golpear, pero ya se ha preparado para ello. Nosotros tenemos que hacer lo mismo con la vida. Subir al cuadrilátero de la vida y sorprenderte cuando te peguen, es simplemente ignorancia. No podemos darnos el lujo de la ignorancia cuando es nuestra vida la que está en juego, cuando es nuestro futuro el que está en juego, cuando son nuestros hijos los que están en juego, cuando es nuestro legado familiar el que está en juego, cuando es nuestro sueño el que está en juego. Si tienes un sueño, por increíble que parezca es posible alcanzarlo. De otra manera, ni siquiera lo tendrías.

El Creador nunca jugaría contigo presentándote un sueño que no puedas alcanzar. No sé cuál es tu sueño, pero sí sé que ese sueño que arde en tu corazón es posible. No permitas que nada, ni nadie te robe tu sueño.

¿Cómo aplico lo aprendido?

El Poder de Visualizar el Futuro

Todo trabajo, toda tarea, toda acción que realizamos está destinada a crear o mejorar algún aspecto de nuestro futuro. El pasado no se puede modificar. El presente es nuestra oportunidad de enfocarnos y diseñar de manera más inteligente el futuro. Puede ser nuestro futuro o el futuro de aquellos que se vean de alguna manera impactados por nuestras acciones. Cuando nos fijamos metas y objetivos, estamos afilando los resultados de nuestras acciones pasadas para apuntar con más precisión a aquello que deseamos.

El poder de visualizar el futuro radica en que tienes experiencias de vida que te ayudarán a tomar mejores decisiones. También es importante conocer que no tienes que estar necesariamente atado a todos tus resultados pasados. Aquellas cosas que salieron bien, puedes incorporarlas a tu vida, las que no salieron tan bien, puedes eliminarlas por completo. Como seres humanos tenemos la capacidad de razonar y decidir exactamente cómo voy a proceder de hoy en adelante. Qué equipaje decidiré cargar durante el resto del camino.

Nosotros vivimos adormecidos por lo que tenemos. Pensamos que no tenemos mucho y es precisamente lo mucho que tenemos, lo que nos aguanta como un ancla y no nos deja echar hacia adelante. Es importante tener un ancla en nuestras vidas que nos permita hacer un alto y reflexionar, pero cuando estamos preparados para zarpar, tenemos que levantar el ancla y no arrastrarlo.

¿Quién de ustedes está preparado para zarpar e irse mar adentro hacia su futuro? Hacia el futuro que siempre imaginaron, hacia el futuro que se merecen. Solo aquellos que se atreven a ir lejos, descubren cuán lejos pueden llegar. Hoy es un día de decisión, hoy es un día de cambio. Dígale a su futuro, dígale al mar: "He navegado tantos mares que ya estoy acostrumbrado a las tormentas". Las tormentas (los retos, los fracasos, las dificultades, las enfermedades, las malas actitudes de los demás) no me asustan. Que se asuste la tormenta cuando me vea llegar. Porque voy a atravesarla como un cuchillo en la mantequilla. Esta vez voy preparado con la mejor nave y la mejor tripulación. Mar adentro y confiado porque he tomado el tiempo de trabajar con lo más duro, lo más difícil; mi interior. Creo y puedo y puedo porque creo.

Cuando persigues tu sueño, se siente siempre como si estuvieras comenzando una y otra vez. Tienes 20 años y te sientes como si estuvieras comenzando, tienes 30 años y te sientes como si estuvieras comenzando, tienes 40 años y te sientes como si estuvieras comenzando, tienes 50 años y te sientes como si estuvieras comenzando, tienes 60 años y te sientes como si estuvieras comenzando.

Ese sentimiento puede desanimarte. Lo que yo quiero que sepas es que es normal. Es más, sino te sintieras siempre como si estuvieras comenzando, estarías estancado (a) en la vida. Muchas personas en nuestra vida nos han dicho que no podemos lograr esto o aquello, que en esta familia somos pobres pero honrados y poco a poco vamos eliminando sueños de nuestra lista de metas. Por eso, es necesario y más que necesario, es vital que trabajes con tu desarrollo personal. Este juego no se acaba hasta que tú ganes.

No estamos atravesando momentos malos en nuestra vida, estamos atravesando momentos de construcción de carácter y resiliencia. ¿Cómo lo sé? Porque están leyendo este libro. No están durmiendo, están dándole vida a su sueño, están demostrando determinación, compromiso, fe y esperanza para con ustedes, para su familia, para su país. Eso a mí, como escritor, me toca el corazón. Están favorecidos con excelentes oportunidades; oportunidades que le proveen herramientas reales que pueden impactar sus vidas. Cuando se esfuerzan en desarrollarse como individuos y crecen, su familia inmediata mejora y cuando su familia inmediata mejora, nuestra sociedad mejora. Es un efecto dominó. Pero todo comienza con su compromiso y la perseverancia en estos hábitos y disciplinas que estás creando e incorporando en sus vidas.

Una de las mejores actitudes que podemos desarrollar es la de "comenzar una y otra vez". Hoy puedo decidir comenzar. Si me desvío de mi camino, puedo regresar al mismo. No regresar al camino, es darse por vencido. Cada vez que regresas al camino, fortaleces tu creencia y te acercas a tus metas. Notarás que con tu crecimiento personal y profesional cada vez se te hará más fácil practicar las disciplinas del éxito y estas se convertirán en parte de tu vida, se convertirán en tu ser. Una vez estas disciplinas se convierten en ti, tú te conviertes en tus disciplinas. Es este cambio el que cambia toda tu vida. Ser millonario (a) no tiene nada que ver con el dinero que tendrás, tiene que ver con la persona en la que te has convertido que ahora es capaz de crear, de manifestar el dinero, que no es otra cosa que valor a la sociedad. Mientras más valor ofreces, más dinero generas.

Me crié en el campo y recuerdo que en los caminos de los campos, cuando los carros pasaban, los perros se les iban detrás ladrando. Hasta que un día ví que un carro se detuvo y el conductor se bajó del carro y miró fijamente al perro con toda la confianza de alguien que ha vivido mucho. No dijo nada, simplemente se quedó mirando al perro sin miedo alguno de que lo fuera a morder y el perro después de unos segundos arrancó a correr hacia atrás y regresó a su casa. Con el rabo entre las patas. Así mismo vamos a mirar a nuestro pasado y visualizar el futuro, sin dejar de vivir y disfrutar el presente.

Tenemos que unirnos en nuestros esfuerzos porque estamos para añadir y no para restar. Únicamente a través de nuestra unión como profesionales podemos impactar positiva y permanentemente al país. No busquen su grandeza fuera, su grandeza está dentro de ustedes. No tenemos que saber miles de cosas para tener un éxito extraordinario, con un par de fundamentos que dominemos podemos obtener todo lo que deseemos, pero eso sí, estos fundamentos tienen que dominarlos a perfección.

Hoy es un día especial, un día para reconocer que la persona en la que me he convertido es la que me ha traido hasta aquí y que la persona en la que me voy a convertir es la que me llevará a donde esté. Pero que siempre soy yo el que tengo el poder de la elección. Elije al mejor administrador de tu vida. Elíjete a ti mismo y no mires atrás. El poder de visualizar el futuro te va a transformar. Éxito.

¿Cómo aplico lo aprendido?

_____

_____

_____

_____

_____

_____

_____

_____

_____

_____

_____

_____

_____

Cómo Levantar una Vaca

Todos somos capaces de levantar una vaca en el aire sin esfuerzo alguno. Pero bajo una condición: haberla levantado sin falta todos los días desde su nacimiento. Fíjense que cuando la vaca nace es solo una pequeña ternera que pesa menos de 100 libras; sin embargo, en su tamaño adulto sobrepasa las 1,000 libras.

Cuando pensamos en esto y lo razonamos, parece lógico y lo es. No obstante, muchas veces queremos realizar grandes hazañas, grandes logros, grandes cambios sin repetir consistentemente la acción necesaria para garantizar su éxito. Si únicamente nos diéramos a la tarea de repetir a diario aquellas acciones que nos llevan al éxito, nuestra vida muy pronto sería más fácil y sencilla. No es lo que practicas de vez en cuando; sino, lo que practicas todos los días lo que hace la diferencia.

Se habla mucho de la disciplina. Se dice que tal o cual persona es muy disciplinada o que Fulanito o Sutanito no tiene disciplina. Veamos exactamente lo que es la disciplina. Disciplina es aprender. La disciplina es un conjunto de acciones y rutinas que se llevan a cabo durante un período específico de tiempo hasta que aprendemos y desarrollamos un hábito en particular. Una vez se ha aprendido y desarrollado este hábito, no necesitamos ejercer ninguna disciplina. Toda acción ocurre de manera automática, como el ser capaz de levantar una vaca sin pensarlo o sin tener que esforzarse al hacerlo. La disciplina es una herramienta que se utiliza temporeramente hasta que el hábito se ha creado.

Las personas le tienen miedo a la disciplina. La misma palabra, "disciplina", nos trae a la mente pensamientos de algo rígido, inflexible, aburrido, lento y poco atractivo. Pudiera ser que la palabra tenga mucho que ver con la falta de su práctica. En otras palabras, las personas fallan en seguir sus disciplinas por la imagen realmente negativa que muchos tenemos de la misma. Si realizáramos acciones sin pensar que estamos ejerciendo disciplina, tal vez sería más fácil desarrollar los hábitos. Es por eso que como profesionales maduros emocionalmente tenemos que establecer una relación diferente con la palabra *disciplina* para que de esta manera la recibamos con los brazos abiertos en nuestras vidas.

Aquellos que han visitado las instalaciones de *Walt Disney World* en Orlando, Florida conocen que existe un sistema para llegar, estacionarse y entrar al parque de diversiones. Una vez entran al parque la espera en las filas es relativamente corta y pueden disfrutar de muchas amenidades, diversiones, atracciones y experiencias en un solo día.

Existe en realidad abundancia de entretenimiento en un ambiente seguro, cómodo y en el que muchas personas, tanto niños como adultos no tendrían problema alguno si se tuvieran que quedar toda la noche. Inclusive, aquellos que se quedan hasta el cierre del parque pueden disfrutar de un espectacular despliegue de fuegos artificiales que embellece el oscuro cielo de la noche.

Todo esto es posible en gran parte porque los sistemas de cómo llegar y estacionarse facilitan que todo lo demás transcurra sin mucho esfuerzo. Una vez dentro del parque existen también sistemas que aseguran el disfrute de los que visitan. Lo más importante es llegar.

Si no existieran órdenes específicas de cómo llegar y estacionarse probablemente muchas personas ni siquiera lograrían entrar al parque y los que sí lograran entrar tendrían una selección limitada de atracciones. Esto es así porque la falta de organización fuera del parque se reflejaría de igual manera dentro del parque.

Lo mismo ocurre con nuestras vidas. La falta de estructura y organización interior repercute en desorden exterior, en nuestras finanzas, condición física, salud, espiritualidad, capacidad mental, relaciones interpersonales y todo nuestro ser. Una de las frases que más me despertó a la vida la escuché del famoso filósofo de negocios estadounidense Jim Rohn. El decía: "Todas las disciplinas se afectan entre sí".

En otras palabras es imposible hacer algo en un área de nuestras vidas sin que esta acción de alguna manera toque todas las áreas de nuestra vida. Es imposible ponerse en forma, sin que nuestras finanzas y relaciones personales mejoren un poco. Es imposible mejorar nuestro negocio sin que de alguna manera nuestra capacidad mental se mejore. Igualmente, cuando nuestra espiritualidad se desliza, nuestros negocios, relaciones interpersonales y hasta nuestra salud se desliza.

Todos los días sin pensarlo nos levantamos y cepillamos los dientes, nos ponemos los zapatos y nos vestimos, conducimos automóviles en carreteras con mucho tráfico y gran cantidad de obstáculos, tenemos un artefacto que funge como teléfono, calculadora, correo electrónico, mensajera, escáner, cámara, mapa, libreta, libro, maquinilla, grabadora, agenda, linterna, radio, reloj, cronómetro, nivel de carpintería, cinta métrica y hasta juegos.

Utilizamos todo esto, sin pensar. De manera automática. Hemos creado el hábito a través de la disciplina inicial de aprender su funcionamiento. Ahora ni siquiera pensamos al usarlo. Asimismo es con todos los aspectos de nuestra vida. Esta es la manera de levantar una vaca al aire.

En nuestra vida tenemos ciertas actividades y acciones que son menester realizar de manera regular y convertirlas en hábitos automáticos como lo hacemos con nuestros teléfonos inteligentes y todas las actividades ya mencionadas. La práctica inicial pudiera tomar cierto tiempo en desarrollarse, pero una vez creado el hábito, se convertirá en parte de nosotros.

Decide que de ahora en adelante te concentrarás en prepararte para levantar tus vacas. No las vacas del audiolibro que son tus excusas; sino las vacas que te dan de comer, las vacas que te ayudan a alcanzar tus sueños, las vacas que tienen el potencial de transformar tu vida de una vez por todas.

Aunque el tiempo necesario para poder levantar una vaca tome tiempo, la decisión se puede tomar de inmediato, la decisión se puede tomar hoy, la decisión se puede tomar ahora, en este mismo instante. La decisión es la gasolina necesaria para llevar el vehículo de la disciplina hasta la meta final que es el hábito.

Basado en sus rutinas diarias, sé que pueden lograr esto exitosamente. El resultado no solo será el levantamiento simbólico de una vaca, sino el levantamiento de sus vidas y la vida de todos aquellos que los rodean. A propósito, durante ese proceso levantamos a nuestro país y lo convertimos en uno mejor. Al fin y al cabo, nosotros somos el país y como ya aprendimos, todas las disciplinas se afectan entre sí.

¿Cómo aplico lo aprendido?

_____

_____

_____

_____

_____

_____

_____

_____

_____

_____

_____

_____

_____

Las Cinco Distinciones de los Ricos

Muchas personas piensan que los ricos son especiales. Que tienen una inteligencia superior, que tienen mejor educación o que tienen mayores oportunidades. Otros creen que estos nacen con talentos especiales. A esto decimos, sí y no. Todo lo antes descrito es verdad, pero hay que entenderlo en su contexto.

Tomemos la palabra *especiales*. Los ricos sí son especiales. ¿Qué es algo especial? Algo especial es cualquier cosa que no sea común. Que sea escasa. Los ricos han desarrollado la habilidad de pensar de manera diferente a los demás y consecuentemente la mayoría de las veces piensan y actúan exactamente opuesto a lo que piensan y actúan las masas. Toda persona que ha adquirido grandes riquezas te dirá que la decisión correcta siempre se encuentra en el lado opuesto de las masas. Las masas son *el promedio*. *El Promedio* es un cálculo matemático que considera la totalidad, en nuestro caso la totalidad de la población. No hace falta más que mirar a nuestro alrededor en la calle, en el supermercado, en las tiendas, en todo nuestro entorno para ver de qué se compone la totalidad de la población.

Cuando hablamos de un promedio, se nos está categorizando de la misma manera que a estas personas. No significa que somos superiores, ni que tenemos que sentirnos superiores, sino, que hemos aprendido ciertas cosas que nos hacen pensar diferente. Ante Dios, somos iguales y como seres humanos todos tenemos el mismo valor, pero con respecto a nuestra capacidad para aportar a la sociedad un valor económico, los empresarios están muy avanzados y esto es una realidad. Realidad de la cual nos debemos sentir sumamente orgullosos. Nuevamente cuidando el vocablo, cuando decimos orgullosos, nos referimos al orgullo y honor de hacer cosas de valor social, no el orgullo que significa pedantería y sentido de superioridad.

La segunda palabra para describir a los ricos que utilizamos en este escrito es *inteligencia*. Existen muchas inteligencias, la más utilizada para describir a las personas es la inteligencia mental. Esta se mide con un examen que determina nuestro coeficiente. Sorprendentemente, las personas con un alto coeficiente mental o intelectual son en su mayoría fracasados en la vida. Son raras las excepciones. Sin importar cómo usted percibe su inteligencia, asegúrese de no quedarse estancado en la vida. Esta es la norma para estas personas altamente inteligentes. La inteligencia que usted debería desarrollar es la inteligencia emocional. Es esta la que determinará con mayor precisión su éxito en la vida. Además, podemos incrementar todo tipo de inteligencia a través de estudios especializados. Si esto es lo que desea, escoja en qué categoría desea aumentar su inteligencia y dése a la tarea de profundizar en los mismos.

La tercera distinción de los ricos es la *educación*. La educación se adquiere de muchas maneras. La más común es la educación formal. Es decir, lo que aprendemos en la escuela, en la universidad y estudios superiores. Nuevamente, esta NO representa el tipo de educación más útil en la vida. ¿Cuántas personas conoces que tienen muchos estudios y poseen títulos avanzados, tales como maestría, doctorado y otros y que no han progresado en la vida? La educación formal fue inventada por los ricos para desarrollar a personas que pudieran trabajar para sus grandes empresas e industrias. Esto es lo que se conoce como *La Gran Conspiración de los Ricos*. Cuando los ricos comenzaron a dominar al mundo, cuando (al igual que hoy, pero menos disimulado) las industrias estaban en manos de muy pocos, estos mogules de industria crearon escuelas y universidades para educar y formar a la población en las destrezas que necesitaban para que fungieran como sus empleados. En otras palabras, crearon fábricas de empleados.

Fíjense que aún hoy día no existen programas reales de empresarismo. Aquellos programas que sí llevan este nombre (empresarismo) son únicamente una especialización de administración (para otros), no un esfuerzo genuino para desarrollar pensadores que creen y crezcan empresas. Entonces nos toca a nosotros, primero despertar a esta realidad y segundo, tomar la responsabilidad en nuestras manos para autoeducarnos en estos temas. Esta autoeducación la logramos a través de mentores dispuestos a guiarnos por el camino correcto. Usted no tiene que tan siquiera conocer a estas personas. Muchos han escrito autobiografías. En otros casos, terceros han escrito biografías sobre sus vidas. Estos libros son mejor educación que cualquier título universitario que usted pueda obtener. Pero tiene que tener la sabiduría para extraer sus enseñanzas.

Hoy día existe otro mecanismo de aprendizaje y educación, programas de audio. Estos le ofrecen la oportunidad de formarse en cualquiera de sus intereses de manera fácil y práctica. Con el advenimiento de las redes sociales y particularmente YouTube®, esta tarea se ha simplificado. Usted puede superar fácil y rápidamente el nivel de educación de cualquier persona en poco tiempo. Recuerde que solo las personas especiales se dedican a hacer esto. Las masas están utilizando a YouTube® para ver vídeos de humanos o mascotas haciendo maromas o para ver vídeos musicales que no necesariamente aportan valor a sus vidas. Usted es diferente. Usted busca crecer como ser humano y crear riquezas materiales que le ayuden a aportar de mejor manera a la sociedad.

La cuarta distinción de los ricos es *oportunidades*. No es que los ricos tengan mayores y mejores oportunidades, es que los ricos han aprendido a identificar las oportunidades que se presentan a todos. Han logrado esto a través de la educación especial, no la formal. Aprovecho para decir que no estoy en contra de la educación formal, todo lo contrario, es muy importante, sin embargo, no es suficiente. Nos ofrece una buena base general para desempeñarnos en el mundo, no nos crece como seres humanos ni facilita la adquisición de riquezas. No quiero sonar materialista, porque no lo soy, pero en nuestra sociedad actual, necesitamos de recursos económicos para que la rueda siga corriendo.

Es menester asegurar nuestro futuro y retiro, evitando de esta manera ser una carga para la sociedad y el gobierno. Esto es lo que la riqueza me ayudará a hacer. No es avaricia, es preparación para aportar a los demás sin tener que ser una carga en el futuro. Cuando nos desarrollamos con la ayuda de material educativo como el que hemos mencionado (audiolibros, biografías, etc.) tenemos una oportunidad real de alcanzar nuestros sueños a la vez que logramos la independencia financiera necesaria para sostenernos y a nuestras familias.

La quinta distinción de los ricos es *talentos*. Sí, los ricos son muy talentosos en áreas específicas de sus vidas. Este talento, sin embargo, es rara vez natural (aunque existen excepciones). Es el resultado de mucha práctica y años de enfoque intenso. La mayoría de los ricos han estado siempre en el mismo campo donde adquirieron su riqueza. Como en todo, hay excepciones, no obstante, cuando miramos el perfil de los ricos, sin duda alguna predomina la singularidad de materias y/o industrias o negocios en los que se han desarrollado.

Estas son las cinco distinciones principales de los ricos. Debemos evaluar cómo estamos desarrollándonos alrededor de estas y determinar aquellos cambios o modificaciones de conductas que debemos realizar para acercarnos cada día más a nuestro objetivo de negocio que incluye libertad financiera, en otras palabras, riquezas.

Muchas personas, como resultado de enseñanzas en su mayoría religiosas, se sienten tímidos y hasta incómodos con el uso de la palabra *ricos*. Debido a que las masas por definición NO son ricos, la sociedad nos ha mostrado una imagen *pobre de los ricos*. Todos hemos escuchado la frase: "En esta familia somos pobres, pero honrados". Desvirtúa este pensamiento la realidad de la vida. Es posible ser rico y honrado. Igualmente, es posible ser pobre y NO ser honrado. Ni la riqueza, ni la pobreza son determinantes de los valores de una persona.

Esto es tema para otro libro. Lo importante es que tenemos que crear una nueva asociación con la palabra *ricos*. Ser rico significa contar con recursos que mejoran la sociedad, que nos permiten aportar a los demás, que resuelven problemas importantes y que multiplican el efecto de nuestros esfuerzos. Nada de esto es negativo, nada de esto es contrario a lo que el Todopoderoso desea en nuestras vidas.

La programación de nuestra sociedad es la que nos ha hecho repudiar la palabra y esto es algo que debemos corregir. Ser rico es una oportunidad de expresión, de crecimiento y de aportación a los demás. Siéntete orgulloso de perseguir tan noble distinción. A través de nuestro programa, lograrás llegar, siempre y cuando desarrolles y practiques las disciplinas establecidas. Tu futuro está en tus manos y ahí mismo es donde debe estar. Tú eres el arquitecto de tu propio destino.

Momentos de la Verdad

A través de los años vamos adquiriendo más habilidades, destrezas y conocimientos que nos ayudan en nuestra búsqueda de una vida mejor. Muchas veces sabemos qué hacer para alcanzar nuestros objetivos, otras veces no estamos tan claros. Independientemente cuál sea tu situación más común, algo sí es cierto; todos enfrentamos ocasionalmente *momentos de la verdad*.

Momentos de la verdad son aquellas ocasiones donde nos vemos enfrentados directamente con las acciones que tenemos que tomar para alcanzar nuestras metas. Cuando llega el momento de la verdad, tenemos que dejar atrás las teorías y el conocimiento didáctico; es hora de aplicar lo aprendido. Muchos de estos momentos son pruebas emocionales que tenemos que pasar para comprobar que en realidad hemos internalizado la lección.

Nos preparamos para lidiar con clientes y situaciones difíciles, pero cuando llega el momento de hacerlo, dudamos de nuestra capacidad para manejar dichas situaciones. Sabemos que tendremos momentos de prueba donde nuestros negocios no marcharán de la manera que habíamos anticipado, pero cuando estos momentos de retos llegan a nuestra vida, dudamos hasta de nuestra capacidad para ejercer nuestra profesión. Nuestro negocio ha prosperado y crecido rápidamente, a pesar de las condiciones del mercado y nuestro nivel de dominio en la industria, sin embargo, llega el día en que todo comienza a derrumbarse de la noche a la mañana. Queremos bajar de peso, pero cuando nos ofrecen un dulce, lo tomamos aunque nos sintamos un poco culpables. Deseamos compartir más tiempo con nuestra familia, sin embargo, situaciones inesperadas del trabajo nos mantienen alejados aún durante días y fechas especiales.

Otras veces los momentos de la verdad representan conversaciones y situaciones que tenemos que enfrentar en nuestra vida y carrera. Aquella conversación que llevamos tiempo evitando, tiene que tomar lugar hoy y el peso del tema unido a la carga de la postergación de la conversación resultan sumamente agotadores. A veces descansamos antes de manejar dichas situaciones, en vez de enfrentar las situaciones y luego descansar.

Estas son solo algunas de las pruebas que nos ofrece la vida, tanto a nivel personal como profesional. Son inevitables, tarde o temprano llegarán a nuestra vida. No obstante, parte de nuestra responsabilidad es ir poco a poco trabajando en nuestro desarrollo personal, el cual indudablemente repercutirá en nuestro desarrollo profesional. Cuando esos momentos de la verdad llegan a nuestra vida, es cuando tenemos que desenfundar la espada y dar el primer paso en la ofensiva. La reacción natural es todo lo opuesto; resignarnos a lo ocurrido o retirarnos por completo de la situación. Lo importante del tema de los momentos de la verdad es que nos permite prepararnos de antemano, permitiéndonos identificar aquellas cosas que pueden convertirse en grandes retos y diseñar un plan de contingencia para cuando esto ocurra. En otras palabras, si sé que mañana lloverá, debo llevar conmigo un paraguas.

El conocimiento del concepto *momentos de la verdad* nos permite prepararnos adecuadamente. Es similar al dilema: ¿Quién motiva al motivador? Siempre llega el momento donde la persona más positiva, el más competente, el mejor vendedor, el mejor administrador, el más capacitado enfrenta una baja en su energía, en su entusiasmo. Prácticamente, el motivador se desmotiva. Le llega el momento de la verdad y le afecta tanto como a todos. En el mundo empresarial el dilema de ¿quién motiva al motivador? es un asunto muy importante y muy delicado. El motivador debe tener en su caja de herramientas aquellas que le permitan sobreponerse a la situación. Muchas veces la mejor de las herramientas es un mentor o varios mentores que estén disponibles y capacitados para apoyarnos. No obstante, el momento para identificar a estos mentores no es durante el período de debilidad, sino, todo lo contrario en los momentos de mayor fortaleza, tanto mental como emocional.

La vida empresarial es una montaña rusa, con altas y bajas. Es bueno sentirse invencible en las altas, pero es esencial NO sentirse derrotado en las bajas. La práctica de un plan organizado y por escrito de desarrollo personal servirá como su escudo cuando los momentos de la verdad lleguen a tu vida. Recuerda que no es una cuestión de si estos llegarán, sino, de cuándo llegarán y cuán equipado estaré para recibirle con los brazos abiertos. Los momentos de la verdad nos fortalecen y desarrollan resiliencia en nuestras vidas, pero esto no significa que debemos esperarlos sin habernos preparado. Comprométete con la tarea de solidificar tu desarrollo personal para fortalecer tu estado mental y emocional, establecer sistemas de negocio que te protejan contra el ritmo natural de la vida y rodearte de personas que puedan genuinamente apoyarte en tu caminar por la vida.

Los momentos de la verdad vienen vestidos de dudas, miedos y temores. Cómo vencer los temores se basa en dos cosas: cuánto deseas lo que deseas, cuán ardiente es tu deseo y comportarse como si no tuvieras miedo y ver que nada va a pasar. No tomar acción es aceptar NO, sin hacer la pregunta.

La principal razón por la cual las personas no aplican los principios del éxito durante los momentos de la verdad es porque no los conocen. La otra razón es porque se dejan dominar por las actitudes de aquellos que no conocen los principios aunque ellos sí conozcan los principios. Los siguientes cinco (5) principios te ayudarán a sobreponerte cuando te enfrentes con los momentos de la verdad.

Principio #1: El bien siempre vence sobre el mal.
Si tienes un corazón noble que genuinamente busca aportar a los demás, llevas contigo el primero de los principios del éxito con respecto a los momentos de la verdad.

Principio #2: Nunca cedas antes el fracaso.
Conocer que los fracasos son parte del camino hacia el éxito es importante porque te ayuda a verlos de manera diferente, casi como si fueran amigos. El fracaso es tan parte del camino como el éxito mismo.

Principio #3: Nunca te das excusas a ti mismo.
Las personas que dan excusas en realidad están intentando consolarse así mismos por su falta de desempeño. Nadie cree las excusas de los demás. Es importante no darte excusas a ti mismo cuando estés a solas. Hay quien dice: "No te voy a dar excusas porque ya aprendí a no darme excusas". Esa persona está faltando a dos principios: darse excusas a sí mismo y darle excusas a los demás. Decir que NO darás excusas es una excusa. Las excusas más comunes del mundo son: falta de tiempo y falta de dinero. Las excusas repelen a la gente. Personas que trabajan con gente y ofrecen muchas excusas tienen pocos negocios.

Principio #4: No aceptar las excusas de los demás.
Aceptar excusas de otros es una oportunidad para justificar mis excusas. Ver principio #3.

Principio #5: Transmitir los pensamientos del éxito siempre.
Aquellos que sobresalen en la vida son los que deciden tomar responsabilidad por sí mismos. La lectura y escuchar

programas de audio que enaltecen, te ofrecen la oportunidad de desarrollar de manera sólida y consistente pensamientos de éxito. Lo que sale de tu boca es lo que está en tu corazón. Cuando trabajas para cultivar una mente fuerte y emociones saludables, comienzas a transmitir pensamientos de éxito de manera natural. Te haces invencible y te conviertes en un imán de gente que desea hacer negocios contigo y tu empresa. El resultado de todo esto es crecimiento consistente de tu negocio y abundancia.

Lo mejor que podemos hacer para avanzar en la vida es bajar la velocidad de nuestra rutina y comenzar a observar intencional y detenidamente nuestro comportamiento, forma de ser y nuestro pensar. El que llega a su meta no es el más rápido; sino, el que camina por el camino correcto y maneja sus momentos de la verdad.

¿Cómo aplico lo aprendido?

Una Cultura de Aprendizaje

La diferencia entre aquellas empresas que se destacan excepcionalmente y otras que simplemente sobreviven radica en la filosofía de sus negocios y su cultura corporativa. Todas las empresas ofrecen algún tipo de adiestramiento y programas educativos. Sin embargo, son aquellas que genuinamente practican una cultura de aprendizaje las que crecen rápidamente y de manera sostenible.

Una cultura de aprendizaje es más bien una actitud. Una manera fresca de ver la vida, buscando siempre las lecciones que nos ayudarán a crecer como seres humanos y como empresa, al igual que la adquisición de nuevos conocimientos que nos impulsen con energía hacia el futuro.

Personas que practican una cultura de aprendizaje trabajan con una lista de cosas para aprender en vez de una lista de cosas para hacer. Por ejemplo: si tienes una lista de cosas para hacer, en tu lista tendrías algo como lo siguiente: "devolverle la llamada a mi cliente". Si al llamar, no consigues a tu cliente y dejas un mensaje, cumpliste con tu lista de cosas para hacer, sin embargo, no has aprendido lo que el cliente necesitaba cuando te llamó. Aquellas personas que trabajan con una lista de cosas para aprender seguirían llamando al cliente hasta aprender a qué hora lo pueden conseguir siempre.

Por ejemplo:

Lista de cosas a hacer:
1. Devolverle la llamada a mi cliente

Lista de cosas para aprender:
1. Identificar a qué hora debo llamar para conseguir a mi cliente.

La diferencia es muy sutil, pero muy poderosa. En la lista de cosas para hacer, tuve actividad (hacer la llamada), pero no obtuve resultado alguno. En la lista de cosas para aprender, tuve actividad (identificar la hora perfecta para llamar a mi cliente) y aunque la actividad pudo haber sido más ardua, aprendí algo que de ahora en adelante me economizaría muchísimo tiempo, me hará más eficiente y obtendré los resultados deseados. Empiezo a tomar control de mi vida y evito ser controlado por las circunstancias.

Cuenta el autor estadounidense Jim Collins que en una ocasión conoció a un empresario de Suramérica que recientemente había comprado una cadena de tiendas de descuento. Con el interés de conocer a fondo la industria y negocio que había adquirido le escribió a 10 oficiales ejecutivos de compañías de tiendas de descuento en los Estados Unidos para intercambiar ideas con estos ejecutivos exitosos. Únicamente Sam Walton, el fundador de Wal-Mart, contestó su mensaje. El señor Walton lo invitó a que visitara su oficina en los Estados Unidos para conversar. Cuando el empresario llegó a la oficina de Sam Walton, descubrió que este le hizo más preguntas al empresario suramericano que las preguntas que el suramericano tenía para el señor Walton. Eventualmente, ambos empresarios hicieron una alianza para Wal-Mart en Brasil. Una situación de ganar-ganar para ambos.

Esa era una característica de Sam Walton, buscar aprender en todas sus interacciones. Contrasta esta actitud con la actitud de la mayoría de los empresarios que piensan que lo saben todo y viven su vida a veces de manera pedante sin ser receptivos a ideas externas que logren crecer sus negocios a otro nivel. En otras palabras, el éxito que han tenido les satisface y piensan que han logrado alcanzar la cima, sin conocer que no se trata de alcanzar la cima, sino de seguir caminando e ir conquistando otras montañas.

Solo una actitud de mente abierta y en busca de conocimientos nuevos logra que el crecimiento personal, profesional y empresarial sean consistentes. Sin embargo, esto no es únicamente una actitud, tiene que también formar parte de un plan intencional y por escrito. Debemos tener nuestro plan de aprendizaje por escrito con detalles de aquellas disciplinas que deseamos aprender o aquellas en las que queremos profundizar. Poco a poco tenemos que ir haciendo una marca de cotejo en las partes del plan que hemos completado.

Como empresarios en busca de crecimiento y de sistemas para solidificar nuestra operación de negocios, la cultura de aprendizaje nos ayuda a identificar las áreas de mejoramiento y a su vez evitar cometer errores en el futuro. Esto no significa que jamás cometeremos errores, sino que reduciremos de manera significativa los mismos. Los errores cuestan dinero, el dinero cuesta tiempo y el tiempo cuesta vida. Cuando incorporamos una cultura de aprendizaje en nuestras vidas y empresas economizamos un poco de las tres: vida, tiempo y dinero. Además es la forma más inteligente de administrar y liderar.

Un elemento importante para toda persona que desea cultivar una cultura de aprendizaje es monitorear sus experiencias y conocimientos adquiridos. Es vital tener un diario donde se documenten las experiencias y que nos sirva como una manera de reflexión escrita. Anteriormente hemos hablado sobre la *libreta de crecimiento*. Esta es una buena herramienta para utilizar durante la creación y desarrollo de la cultura de aprendizaje en nuestras vidas personales y en nuestra empresa.

Es importate también saber definir cuando estoy aprendiendo y cuando NO estoy aprendiendo. Cuando NO aprendo, pierdo el tiempo y esos momentos deben monitorearse para minimizarlos. Hay personas que aparentan ser muy exitosos. Sin embargo, esta percepción es el resultado de logros en ciertas áreas específicas. Es posible sobresalir y destacarse temporeramente, pero es vital mantener un desarrollo personal y profesional completo. Estos dos van de la mano.

Solo las personas que genuinamente se dedican al desarrollo integral de su persona pueden sostener un crecimiento consistente. Para ser grande en tu exterior tienes que ser grande en tu interior. Cuando la persona es más grande en su exterior que en su interior, eventualmente tropieza y todo su mundo se derrumba. Un ejemplo perfecto de esto es el golfista Tiger Woods. Su imagen exterior, lo que el mundo veía, era más grande que lo que él llevaba por dentro. Hasta que llega el momento de cuadrar las cuentas con la vida.

El talento de Tiger Woods, unido con su disciplinada práctica, lo hicieron uno de los golfistas más destacados de la historia de ese deporte. No obstante, su crecimiento interior no se mantuvo a la par con su agrandamiento como figura pública y representante de su deporte.

Tiger Woods es joven y aún tiene tiempo para recuperarse a través del desarrollo personal y recuperar el sitial que una vez ostentó. Lo que ahora mantiene a Tiger Woods atrasado no son mejores contrincantes en su deporte, sino, su mundo interior moviendo la balanza hacia el sitio donde corresponde.

Después de la tormenta, siempre viene la calma y luego eventualmente otra tormenta. Es la manera en que la naturaleza se mantiene en balance y a su vez limpia el ambiente. Lo mismo ocurre con nosotros. Tarde o temprano se hace un ajuste que refleje nuestra realidad de crecimiento interior.

Es mejor ser grande en el interior y que no se note en el exterior que lucir grande en el exterior y ser pequeño en tu interior. Cuando eres grande en tu interior estás capacitado para manejar tu grandeza exterior. A través de la lectura de libros, escuchar programas de audio, reflexionar sobre tu vida y tu negocio, conversaciones con personas que están más adelantadas que tú en ciertas áreas y la búsqueda incesante de superación, comienzas a crecer tu interior de manera que la grandeza que vas adquiriendo por fuera tiene una buena base que la sostiene por dentro. Esto solo se logra cuando decides consciente e intencionalmente vivir una cultura de aprendizaje.

¿Cómo aplico lo aprendido?

_____

_____

_____

_____

_____

_____

_____

_____

Personas que se Destacan Excepcionalmente

La fortaleza mental es una de las disciplinas que debemos desarrollar para alcanzar una vida altamente exitosa. Todos podemos lograr esto a través de la concientización de nuestras acciones y actitudes. Aunque NO es fácil, SÍ es muy sencillo. A continuación discutiremos seis (6) de las características de las personas que se destacan excepcionalmente en la vida.

1. Las personas que se destacan excepcionalmente en la vida, se separan emocionalmente de lo que otros piensan de ellos.

2. Las personas que se destacan excepcionalmente en la vida, NO se enfocan en lo que todos los demás están haciendo, sino que deciden qué hacer e identifican cómo lograrlo sin importar el *modus operandi* de los demás.

3. Las personas que se destacan excepcionalmente en la vida, ignoran los promedios y los estándares de la industria. Ellos (as) consistentemente suben la vara de excelencia, conociendo que los promedios y estándares de la industria están basados en los resultados de las masas y no en individuos excepcionales.

4. Las personas que se destacan excepcionalmente en la vida, dominan a cabalidad una destreza de alto valor. Bruce Lee decía: "No le temo al hombre que haya practicado 10,000 patadas 10 veces, ni al hombre que haya practicado 1,000 patadas 100 veces, le temo al hombre que ha practicado una patada 100,000 veces". Tu patada es aquello que sabes que tienes que hacer consistentemente para crecer tu negocio.

5. Las personas que se destacan excepcionalmente en la vida, son maestros del mercadeo personal y la conexión, independientemente de su profesión. Eso es así porque todos necesitamos conectar con algo (servicios, productos, ideas, filosofías, etc.), pero lo primero que tenemos que hacer es conectar con nosotros.

6. Las personas que se destacan excepcionalmente en la vida poseen una determinación y resiliencia absoluta. En otras palabras, se enfocan en lo que quieren y no permiten distracciones que le roben su sueño.

Todos podemos convertirnos en personas que nos destacamos excepcionalmente. Es el deseo ardiente de querer ser más, de crecer más, de aportar más, el que nos encamina por el sendero del éxito en la vida.

¿Cómo aplico lo aprendido?

_____

_____

_____

_____

_____

_____

_____

_____

_____

_____

_____

_____

_____

El Poder Devastador
de las Opciones

En la vida muchos buscamos destacarnos, crecer, mejorar y lograr nuestras metas y objetivos. Es un talento que el Todopoderoso nos ha regalado. Sin embargo, las opciones de lograr lo que queremos son a veces tan abundantes que suele curiosamente trabajar en contra nuestra. Apreciar las opciones que tenemos en nuestra vida es positivo, distraernos por las mismas es negativo. A continuación discutiremos algunos ejemplos de cómo las opciones pueden ser devastadoras y cómo evitar que esto nos ocurra.

1. En nuestro negocio
En los negocios disfrutamos de una gran cantidad de opciones para desempeñarnos y crecer profesionalmente. No obstante, a veces brincamos de una oportunidad a otra sin dedicarle el tiempo y esfuerzo suficiente a una actividad en particular como para crear una organización sólida y consistente.

2. Con nuestra salud
Todos conocemos la importancia de comer alimentos saludables. Decía Hipócrates: "Que tu medicina sea tu alimento, y el alimento tu medicina." Pero, cuántas veces escogemos alimentos que no son saludables, con pleno conocimiento de sus efectos dañinos. La opción de comer estos alimentos, junto con su fácil disponibilidad nos hace débiles aún cuando poseemos el conocimiento necesario para tomar mejores decisiones.

3. Con nuestro tiempo

La gran cantidad de opciones que tenemos para utilizar nuestro tiempo es abrumadora. La mayoría de las personas conoce cómo debe invertir su tiempo. Pero a la hora de la verdad, escogemos opciones menos enriquecedoras con el mismo. Por ejemplo, conocemos que leer y escuchar audiolibros nos ofrece una gran herramienta para acelerar nuestro crecimiento. Sin embargo, frecuentemente escogemos ver televisión aún cuando desconocemos la naturaleza del programa que hemos sintonizado. Esto puede fácilmente convertirse en varias horas invertidas en una tarea que no aporta a nuestras vidas. No es decir que ver televisión es malo. No, es observar cuánto tiempo le dedico al mismo e identificar si tengo un balance saludable entre mis actividades cotidianas.

Debemos darnos a la tarea de observar y monitorear de manera regular cuáles son nuestras elecciones con respecto a las opciones disponibles en todas las áreas y circunstancias de la vida e ir poco a poco escogiendo aquellas que nos acerquen a nuestras metas y objetivos de negocio, familia, social, espiritual, físico y general. Solo de esta manera dominaremos el apoderarnos y tomar control de nuestras vidas.

¿Cómo aplico lo aprendido?

_____

_____

_____

_____

_____

_____

_____

_____

_____

_____

_____

_____

_____

Los Cinco Pilares de la Fortaleza Mental

Para llevar nuestro negocio y producción a un nivel superior tenemos que fortalecer nuestra mente. Es importante dominar los aspectos técnicos del negocio y sus elementos operacionales, pero al fin del día lo que nos hará persistir es nuestra fortaleza mental. A continuación discutiremos los cinco pilares de la fortaleza mental.

1. Preparación

La preparación tiene mucho que ver con la atención a los pequeños detalles y tu compromiso con tus disciplinas. Conocer que ocurrirán momentos de dudas y desánimo es parte de la preparación mental y nos ayudará a manejar más eficientemente todas las situaciones. Las siguientes preguntas te ayudarán a identificar si tu preparación es adecuada:

¿Conoces lo que se espera de ti?
¿Te mantienes al día con tus responsabilidades?
¿Trabajas duro todos los días para mejorar tu desempeño?
¿Trabajas intencionalmente con un plan por escrito?

2. Enfoque

La capacidad para mantenerse enfocado, es muchas veces la diferencia entre los resultados de dos personas igualmente talentosas. Existen tres maneras principales para mejorar nuestro enfoque.

→ Ignorar las distracciones
Identifica cuáles son las tareas críticas para desempeñarte

93

en tu negocio, tales como prospectar para nuevos negocios, asegurarte de que manejas todas las situaciones con brevedad y conocer qué tipo de mercadeo es el que más te está funcionando en el momento.

➤ Monitorea tu progreso
Mantén un sistema de monitoreo que incorpore tus metas, logros, notas, educación que necesitas tomar, áreas a trabajar y todo tipo de mejoramiento personal que planificas obtener. Revísalo regularmente y esta actividad te ayudará a mantenerte enfocado en tus objetivos y prioridades.

➤ Crea un balance con el uso de tu tiempo
Es fácil dedicarle más tiempo a algunas tareas que a otras. Los que deciden bajar de peso de repente se dedican únicamente a sus rutinas de ejercicios y descuidan todo lo demás. Los que deciden aumentar sus ingresos, de repente se encuentran exclusivamente trabajando en su negocio, muchas veces hasta el agotamiento. Curiosamente, estos extremos nos desenfocan en vez de enfocarnos. Perdemos la perspectiva del balance Cuando mantenemos el balance en nuestras vidas, nuestra motivación aumenta, nos sentimos más ágiles y mantenemos nuestro enfoque con mayor facilidad.

3. Control y calma
Para mantenerse en el más alto nivel de producción es menester conocer cómo calmarse en momentos de estrés y cómo activarnos en momentos de desánimo. En unas ocasiones, entramos en la *zona* de producción. Esto es cuando todo marcha bien y las cosas se desarrollan exactamente como lo habíamos visualizado. Todo cae en su lugar. En esta *zona* no tenemos que pensar mucho, todo simplemente fluye perfectamente. Es vital reconocer que operar dentro de esta *zona* es el resultado de la preparación de la que ya hablamos al principio. Esta *zona* está en el punto medio entre el estrés y el desánimo. Para calmarse y reducir el estrés haga lo siguiente: respire produndamente con su estómago y aguante la

respiración entre 4 y 5 segundos. La respiración profunda es la mejor manera de calmar los nervios.

Tense sus músculos lo más que pueda, uno a uno. Luego déjelos relajarse durante 4 o 5 segundos y continúe con este ejercicio, con los demás músculos de su cuerpo hasta que consiga una sensación de calma.

→ Para elevar su estado de ánimo haga lo siguiente:
Escuche música que le motive. Identifique de antemano que tipo de música lo motiva y téngala disponible para momentos de desánimo. Es una excelente manera natural de elevar su espíritu. Haga ejercicios para aumentar los latidos de su corazón. Repase su lista de metas.

4. Confianza

La confianza y la producción son hermanas y se ayudan entre sí. Cuando usted produce mucho, su confianza aumenta y cuando su confianza aumenta, usted produce mucho. Algunas técnicas para aumentar la confianza y la autoestima son las siguientes:

Fíjese metas que sean realistas, específicas y medibles.
Fíjese metas a corto, mediano y largo plazo.
Prepare una ilustración en forma de escalera para identificar sus metas.
Coma saludablemente.
Persevere y complete las tareas más pequeñas que tenga.
Evite tomar atajos. Haga toda tarea con su mayor esfuerzo.
Manténgase recibiendo insumo positivo.
Cuide su lenguaje. Lo que usted habla, se manifiesta, se materializa. Asegúrese de hablar únicamente cosas positivas y enaltecedoras que creen un futuro poderoso.

5. Resiliencia

Resiliencia es la habilidad de manejar la adversidad y el fracaso. Entendiendo siempre que la adversidad y el fracaso son eventos, no personas. Nadie es un fracasado, pero todos experimentamos el fracaso ocasionalmente. Independientemente de tus talentos, habrá días en que nada sale bien. Aquí es que tu carácter se despliega y se lo muestras al mundo. Cuando te das a la tarea de conocer y aplicar las técnicas antes mencionadas para manejar el estrés y el desánimo, tu producción comienza a elevarse. Aquellos que permiten que sus emociones los dominen, terminan produciendo mucho menos y por debajo de su potencial.

Como profesionales poderosos, que realizamos un esfuerzo intencional para jugar a la ofensiva en nuestro negocio, tenemos que desarrollar la habilidad de levantarnos cuando nos caemos. Siempre llegará el momento de caernos. Conocer que esto pasará y estar preparado mentalmente para ello es lo que hará la diferencia en tus resultados.

Puedes ver los eventos negativos de tu vida como una amenaza o como parte de tu desarrollo. Mantén claridad de pensamiento con respecto a tus metas y cuando estés atravesando momentos de prueba, enfócate nuevamente y continúa hacia adelante. Si estás leyendo este libro, debes ya haber desarrollado suficiente resiliencia como para navegar mares profundos y esto es solo el comienzo.

¿Cómo aplico lo aprendido?

_____

_____

_____

_____

_____

_____

_____

_____

_____

_____

_____

_____

_____

_____

Dominando el Poder
del *Momentum*

Momentum es un concepto que está asociado a la cantidad de masa que tiene un objeto y a la velocidad con que se mueve. *Momentum* puede también definirse como cantidad (masa) de movimiento (velocidad). El *momentum* es transferible El *momentum* puede transferirse de un objeto a otro. El ser humano está diseñado y capacitado para crear *momentun* con su mente e impactar cosas físicas (algo realmente extraordinario). Para crear *momentum* hay que ejercer fuerza. Ejercer fuerza requiere utilizar energía. Hay dos tipos de energía: la energía potencial y la energía cinética.

Todos poseemos el potencial para realizar las tareas que nos asistirán en la obtención de nuestros sueños. Para activar el alcance de esta energía potencial, tenemos que primero ejercer energía cinética. En otras palabras, tomar acción. El potencial no significa nada sin la debida acción. Todo el conocimiento del mundo no te ayudará a ser exitoso si no existe la implementación de los hábitos correspondientes. El mundo está lleno de gente altamente talentosa y con gran potencial de logros. Carecemos, sin embargo, de personas con una razón, un porqué lo suficientemente claro y definido para moverlos a hacer lo que hay que hacer.

Algo interesante ocurre cuando finalmente convertimos el efecto del *momentum* en una rutina regular. Una vez la cantidad de acciones necesarias para crecer, se encuentran en movimiento, las mismas se alimentan de su propia energía y continúan su rumbo sin la necesidad de ejercer fuerza adicional. Cuando esto ocurre nos beneficiamos del tan anhelado y cotizado *momentum* (desarrollo rápido de nuestro negocio). Únicamente hay que revisar de manera regular que el movimiento continúa y el esfuerzo incial continuará la masa en movimiento. La masa son las llamadas y el movimiento es nuestro negocio.

Para desarrollar un *momentum* sostenible debemos seguir los siguientes principios:

1. Conocer la necesidad REAL del cliente o consumidor.
a. Sin conocer cuál es la necesidad real no podemos efectivamente diseñar una estrategia operacional que nos dirija a satisfacer la misma, lo cual es elemento fundamental para el éxito de toda empresa o iniciativa empresarial. Conócete a ti mismo, luego date a la tarea de conocer a tu cliente.

2. Identificar el valor que puedo aportar basado en la investigación sobre la necesidad antes mencionada.
a. Sobre el 80% de las decisiones de la compra de automóviles la realizan las mujeres. Sin embargo, durante muchos años, los autos se han considerado el juguete de los hombres. La empresa Volvo™ se dio a la tarea de identificar el valor que pudieran añadir a su oferta de vehículos. Las mujeres diseñaron un auto con la mujer en mente. Este incorpora, entre otras cosas, las siguientes innovaciones:

i. Una pieza de soporte de la cabeza con un espacio en el medio para que acomodara los moños de las mujeres. A su vez, para nada afectaba la comodidad de los hombres.
ii. Espacio de almacenamiento entre los asientos para mayor conveniencia.
iii. Puerta exterior para llenar el tanque de agua del parabrisas, evitando la necesidad de levantar el bonete, simplemente para echar agua.

Esto es un ejemplo de las ideas que pueden surgir cuando comenzamos a mirar nuestro negocio desde el punto de vista de los clientes, de los usuarios de nuestros servicios.

3. Conocer la equidad de tus clientes.
Cada vez que prospectamos, estamos alimentando la equidad de nuestro negocio. Después de haber revisado nuestra lista de clientes, comenzamos a identificar cuáles son los de mayor valor para el negocio y eventualmente podremos monitorear el "valor de vida" (lifetime value) de nuestros clientes. Es vital conocer este valor y cerciorarnos de que mantenemos el esfuerzo necesario para que el *momentum* inicial no disminuya.

El efecto de *momentum* también se puede comparar con un tren. Un tren a máxima velocidad puede atravesar una muralla de cemento o ladrillos sin problema alguno. Sin embargo, si el tren está detenido y se coloca un pequeño bloque de madera de dos pulgadas frente a una de sus ruedas, el tren no podrá tan siquiera arrancar de su posición. En otras palabras, el obstáculo más pequeño e insignificante no te permitirá avanzar en la vida si no has desarrollado el efecto de *momentum* a tu favor.

Desarrollamos el efecto de *momentum* a través de las llamadas para prospectar, del seguimiento adecuado, escuchar audiolibros, leer libros, participar de eventos de crecimiento e implementando las tareas, enseñanzas e ideas impartidas a través de las lecciones aprendidas. Usted puede incorporar muchas más herramientas a su crecimiento pero no descuide los fundamentos que solidifican la base de su negocio.

Podemos diseñar el *momentum* necesario para despegar nuestro negocio de un estado de inercia. El trabajo inicial es siempre fuerte, pero al mismo tiempo está cumpliendo dos funciones: desarrollar nuestro negocio y desarrollar nuestra fortaleza mental. Estos dos van de la mano. Una vez desarrollado el *momentum*, no hace falta ejercer fuerza alguna, solo hay que estar pendiente que el mismo no se tropiece con obstáculos para evitar tener que comenzar. Pero si este fuese el caso, si nuestro *momentum* encontrara obstáculos, tu experiencia y fortaleza adquirida como resultado de haberlo creado anteriormente, será tu ficha ganadora. Una vez nos concientizamos con respecto a exactamente qué es lo que hay que hacer y lo hacemos, nos convertimos en profesionales imparables. Ese es el objetivo de este libro.

¿Cómo aplico lo aprendido?

_____

_____

_____

_____

_____

_____

_____

_____

_____

_____

_____

_____

_____

_____

El Puente

Muchas veces conocemos hacia donde queremos dirigirnos en la vida. Hemos trabajado lo suficiente como para haber identificado correctamente nuestros objetivos. Nos toca ahora cruzar el puente. Este representa la parte tangible de nuestros sueños. Lo que hay que hacer. Las disciplinas, los hábitos y las tareas correspondientes que tienen como resultado la obtención de nuestras metas. También, incorpora aquellos sistemas que nos asistirán en la implementación de nuestro plan.

Por ejemplo, cada meta que nos fijemos debe tener una estructura organizada de cómo alcanzarla, de otra manera representaría únicamente un deseo frívolo que carece del suficiente contenido como para tener una posibilidad real de realizarse.

Tomemos la meta de realizar un viaje a un lugar exótico al cual siempre has querido ir. Existen varias diligencias a realizar para que tu viaje soñado sea todo un éxito. Hay que identificar las diferentes maneras de llegar al lugar. Algunos lugares que requieren diferentes métodos de transportación para llegar al mismo. Luego, debes conocer la cantidad de dinero necesaria para el viaje; tanto transportación como hoteles y gastos de viaje. También, tienes que identificar el tipo de vestimenta que necesitarás durante el viaje y si es necesario un pasaporte o visa para entrar al país, asumiendo que no es tu lugar de residencia. Para esto, puedes contar con el asesoramiento de un agente de viajes, también puedes servirte de la ayuda de alguien que haya visitado el mismo lugar en el pasado.

Si deseas tener una experiencia más intensa y profunda, pudieras contactar a un guía especializado en el lugar que quieres visitar. La diferencia entre un agente de viajes y un guía es enorme. Un agente de viaje te puede asesorar basado en su conocimiento académico del lugar; un guía es aquel que en realidad tiene la experiencia de haber recorrido el lugar muchas veces. Además, este se ha preparado para mostrarle a otros la mejor manera de capturar la esencia del lugar visitado en el menor tiempo posible. Un guía conoce que la mayoría de las personas no tiene mucho tiempo para invertir conociendo el lugar. Es su tarea maximizar el disfrute, conocimiento, aprendizaje y experiencia de parte de los visitantes. Esa es la función de un mentor en tu vida. El guía es el mentor de tu viaje.

Una vez identificados los detalles de la logística para tu viaje, te toca preparar tu vida y tus cosas para que mientras estás fuera de tu hogar, las responsabilidades y trabajos a realizar no se acumulen. Lo mismo ocurre cuando organizas la obtención de tus metas.

Sin embargo, existen actitudes que tienen que ajustarse para que tu subconsciente te apoye en el logro de tus sueños. Crecemos con las creencias, ideologías y actitudes que nos rodean a nuestro alrededor. Muchas veces nos toca revisar si aquellas cosas que llevamos en nuestra mente, nos acercan a nuestras metas o nos mantienen atados y por ende, se nos hace difícil progresar.

Muchas veces escuchamos que las personas que aparentemente tienen mucho éxito mantienen su distancia de los demás. Aparenta ser que son pedantes y orgullosos. Que se creen mejor que los demás. Nada más lejos de la verdad. Los individuos altamente exitosos conocen que la mayoría de las personas se mantiene hablando cosas negativas y devastadoras para la actitud, lo cual los hace esclavos de su propia lengua. Entonces, los más exitosos mantienen su distancia para evitar ser influenciados por este tipo de persona. No significa que vamos a erradicar a las personas de nuestras vidas, pero sí tenemos que estar conscientes del efecto que tiene mi relación con otros en el logro de mis metas.

La mayoría de las personas también piensa que los trabajos son la manera más segura de vivir en la sociedad. La gente más exitosa conoce que es una empresa, un negocio la propuesta más segura. Siendo empleados estamos a la merced y control de otros. Siendo empresarios controlamos nuestro tiempo y nuestra vida. El reto está en que hemos sido educados para trabajar para otros y al momento de establecer nuestra propia empresa, vamos con una gran cantidad de estrategias que no funcionan. No es fácil tampoco, encontrar la educación adecuada para establecer un negocio y empresa exitosa. Cada cual tiene su librito y cuando ya estás descifrando la clave del éxito en tu negocio, se te acaba la vida. Es por eso que es de suma importancia rodearte de personas que pueden guiarte por el camino correcto como el ejemplo de nuestro guía de viajes antes mencionado.

Otro elemento a considerar en nuestro caminar es aprender la diferencia entre saber y ser. El sistema educativo, tanto público como privado, nos enseña a SABER. Lo que nos brinda éxito en la vida es SER, convertirme en el tipo de persona que es capaz de lograr los objetivos que me interesan. Si fuera cuestión de SABER, toda persona que sepa leer y pudiera leer, tendría exactamente el mismo éxito. Sabemos que esto no es así. El mejor conocimiento del mundo no puede brindarte lo que deseas si primero no te conviertes en eso que es capaz de crear lo que quieres.

Aquellos que son exitosos consistentemente piensan con una actitud de inversión. Conocen que todo lo que hacen representa una inversión la cual brindará rendimiento a largo plazo. Es importante entender que la inversión es a largo plazo y no esperar su fruto de la noche a la mañana.

Todo lo que leen, lo que escuchan, lo que aprenden, la gente que conocen, las disciplinas que incorporan a su vida brindará un rendimiento. No ver resultados de inmediato, no los desanima. Los que llevan mucho tiempo practicando esta disciplina de visión a largo plazo, conocen los grandes beneficios que se obtienen. Ya están recibiendo los frutos de su arduo trabajo. Estas personas miran sus finanzas de la misma manera. Cuando reciben ingresos, conocen que primero tienen que invertir parte de su dinero con vehículos de inversión a largo plazo (acciones en la bolsa de valores, fondos mutuos, bienes raíces, anualidades, etc.) y luego utilizar el resto para sus responsabilidades cotidianas.

Las personas que aún no han establecido estas disciplinas reciben sus ingresos y para cuando han terminado de pagar todas sus cuentas y cumplir con sus responsabilidades financieras ya no les queda nada para invertir en su futuro.

Esto NUNCA es cuestión del dinero recibido como es lógico pensar. Si no se han desarrollado las disciplinas adecuadas te puedes ganar millones de dólares y aún así no ser capaz de tener un residual para invertir en tu futuro. Es fácil justificar que no recibes suficiente dinero como la razón para carecer de inversiones. Es por eso que es vital trabajar con la actitud e ir construyendo el puente que te llevará directamente a tus metas.

Cruzar el puente significa superar limitaciones mentales. Limitaciones muchas veces creadas a través de los años por nuestro entorno y sociedad. Para lograr crear realidades diferentes a las que estamos viviendo, tenemos que concientizarnos con respecto a cual es nuestra realidad actual y cuál pudiera ser si nos diéramos el permiso de ser todo lo que podemos ser.

El proceso de desarrollo personal y profesional es precisamente eso. Un camino de descubrimiento de nuestro ser para mirar con ojos frescos nuestra condición de vida y comenzar a construir la vida que realmente deseamos y de la cual somos merecedores. Una de las cosas que tenemos que hacer para crecer y progresar es aprender a desaprender. Deshacernos de aquellas actitudes y hábitos que nos anclan y liberar el gran potencial que llevamos por dentro.

¿Cómo aplico lo aprendido?

_____

_____

_____

_____

_____

_____

_____

_____

_____

Despega el Avión

La cantidad de energía y combustible que un avión requiere en la pista de despegue a una velocidad de 80 millas por hora es 10 veces mayor a la que requiere cuando está en pleno vuelo a 30 mil pies de altura y volando a 400 millas por hora. Ese esfuerzo inicial es necesario para que cuando el avión esté en su curso de viaje pueda maniobrar de manera sencilla aún cuando la velocidad y altura sean mucho mayor. En otras palabras, el avión tiene que desarrollar *momentum* para poder así llevar a cabo su función adecuadamente.

Lo mismo ocurre en nuestras vidas y negocios. Personas que viven una vida altamente exitosa tuvieron que desarrollar *momentum* para lograr estabilizarse. El esfuerzo siempre es mucho mayor al principio, MUCHO MAYOR. Esto es así porque estamos rompiendo con la inercia y este proceso inicial nunca es sencillo y exige que nuestro esfuerzo sea extraordinario. A veces durante este proceso pudiéramos pensar que todo el esfuerzo que hacemos no nos brinda los resultados deseados. Es en este momento que muchas personas abandonan su esfuerzo por no haber experimentado éxito.

Cuando las personas abandonan las prácticas y disciplinas necesarias para lograr sus objetivos regresan al punto de inicio y entonces, tienen que comenzar una y otra vez. Esto es similar a un avión que, a mitad de pista de despegue, desacelera y se detiene para luego dar la vuelta e intentar despegar de nuevo. La mayoría de las personas viven su vida en un círculo vicioso de arrancar, acelerar, desacelerar (porque no ven resultados inmediatos) y un nuevo intento de arrancar. Este sistema nunca brindará los resultados esperados en ningún tipo de negocio o industria.

Es imperativo que cuando nos comprometamos con algún programa de éxito, lo hagamos a largo plazo. El maestro y motivador Brian Tracy dice que todo programa de éxito requiere entre 2 a 5 años de esfuerzo constante y sin abandonar las disciplinas para que el mismo logre su objetivo. La diferencia entre 2 y 5 depende del esfuerzo realizado, la industria y las condiciones del mercado. No obstante, nunca será menor a 2 años ni mayor a 5. Esto no significa que no exista progreso durante el camino. Todo lo contrario, si estás haciendo lo que hay que hacer, observarás mucho progreso y tendrás grandes logros, pero esto no significa que estabilizarás tu avión.

El progreso y el avance hacia tu meta son intermitentes al principio. Esto es así porque durante este proceso inicial se tienen que calibrar los sistemas e identificar las áreas de mejoramiento necesarias para poder moverte confiadamente hacia tu objetivo. Es como cuando estamos aprendiendo a conducir. Al principio tienes que estar consciente de exactamente lo que estás haciendo, luego el conducir se convierte en algo automático. Sin embargo, lograr conducir de manera automática y donde te sientas confiado toma tiempo y práctica.

Tal vez has tenido la experiencia al conducir de que en un momento dado te haces consciente de que no has estado pendiente a conducir mientras estás conduciendo. Has estado ocupado en alguna otra cosa y de repente te dices a ti mismo: "wow, ya estamos aquí". Piensas que ni tan siquiera mirabas la carretera por donde conducías, pero en realidad lo que ocurrió es que tu mente subsconsciente se encargó de hacer todo el trabajo por ti. Lo mismo ocurre con nuestras vidas y negocios. Pero no sin antes haber despegado.

Este proceso del despegue merece ser evaluado y analizado para entender su función y aplicabilidad en nuestra vida. Una vez comprendemos su efecto, podemos más eficientemente realizar las tareas pertinentes conociendo que la inconsistencia de los resultados iniciales son parte normal del proceso. También es importante entender que cada persona tiene resultados diferentes y que su tiempo de despegue no es igual para todos. Lo que sí es igual es el orden del proceso y su resultado final. Los seres humanos somos todos diferentes, tenemos diferentes habilidades, diferentes experiencias de vida, diferentes motivaciones, diferentes prioridades, diferentes necesidades y sobre todo diferentes personalidades.

No podemos esperar que con tantas diferencias, nuestros resultados sean los mismos. Es por eso que no es sabio cuando las personas se comparan entre sí. Lo que sí es sabio es utilizar el mismo proceso de logro de objetivos y metas. El éxito siempre deja huellas. Las personas más exitosas observan las cualidades y estrategias de éxito utilizadas por aquellos que tienen muchos logros y las implementan en su vida. No como una manera de copiarse, sino, como una manera de superarse. El estudiante de éxito comprometido no es celoso del éxito de los demás; es admirador de la resiliencia y disciplina de los demás en la persecución de sus metas.

La vida es como un maratón. A veces otros corredores se adelantan, a veces tú te adelantas. Todo maratonista profesional conoce que la carrera no se corre compitiendo con los demás, sino, intentando mejorar tu propio tiempo. Aunque participen cientos de corredores en un maratón, cada corredor compite consigo mismo. Lo importante es llegar. Es por eso que en los maratones todos los que llegan a la meta reciben exactamente la misma medalla. Esta medalla simboliza el logro, el haber alcanzado la meta. El tiempo que te haya tomado llegar a la meta no es importante. Los únicos perdedores son aquellos que abandonan a mitad la carrera. Es interesante observar cómo en los maratones siempre hay espectadores que esperan hasta que llegue el último corredor y lo celebran como si fuese el primero. Aunque este llegue caminando y casi arrastrándose. Esta espera puede tomar horas; sin embargo, es inspirador el respeto que estos espectadores tienen por estos corredores. Este respeto es el resultado del corredor haberse comprometido con el proceso y persistido hasta el final.

Muchas veces este logro representa mayor carácter que aquel que llegó primero. Simplemente, el que llegó primero puede haber tenido muchas ventajas. Por ejemplo: pudo ser una persona más joven, alguien que toda su vida ha estado entrenando para maratones, alguien quien entrenó en un ambiente más hostil que donde se realizó el maratón y por ende, goza de una ventaja al correr el maratón en un ambiente físicamente más favorable. Otra ventaja del corredor que llega primero pudo haber sido un historial de salud de excelencia, el cual contrasta con el historial médico del último en llegar.

Como si fuera poco, es probable que el corredor que llegó primero hubiese estado bajo amenaza de parte de alguien en su país de procedencia. Es sorprendente la cantidad de veces que esto ocurre y es muy difícil entender y medir el efecto que este tipo de amenaza pueda tener en el desempeño del corredor. Es casi imposible competir con este tipo de motivación. Aunque en este caso, la motivación sea un tanto negativa, no deja de ser motivación.

Por lo tanto, si conocemos que toda actividad que pueda significativamente transformar nuestra vida, va a requerir un esfuerzo MONUMENTAL al principio y que ese esfuerzo en promedio puede tomar entre 2 a 5 años en estabilizarse, estaremos mentalmente preparados para aceptar el reto y tendremos los elementos de juicio necesarios para tomar una decisión acertada de si deseo o no comprometerme con mi objetivo. De todas maneras, dos, tres, cuatro y cinco años van a pasar en tu vida. La pregunta es DÓNDE estarás después de transcurridos estos años.

Hoy tienes en tus manos una gran oportunidad, el conocimiento de cómo funciona el proceso de transformación financiera, personal, espiritual, física, social, de negocios y de estilo de vida. Las herramientas están en tus manos, pero es tu responsabilidad utilizarlas adecuadamente para alcanzar tus sueños, para alcanzar tu independencia financiera. Desde la línea de salida es imposible ver la línea de llegada. Lo que sí es posible es desarrollar un deseo ardiente en tu corazón conociendo que el Todopoderoso te ha equipado con lo necesario para alcanzar todos tus sueños.

Si en algún momento lo has imaginado en tu corazón, lo puedes materializar en tu realidad. Ese proceso de crecimiento y creencia en ti mismo es el más difícil de dominar, pero también el más enriquecedor. Adelante amigo, este es el momento de tomar control de tu vida. No hacerlo sería un insulto al Creador que te ha dotado de todo lo necesario, pero que hoy quiere probar tu fe. Llena tu avión de combustible, arranca, despega, vuela y hablamos en cinco años.

Un Ambiente para Crecer

Una de las cosas más importantes en el camino hacia el éxito y la abundancia es escoger correctamente el ambiente propicio para crecer. Este ambiente debe permitirte crecer como individuo y facilitarte las herramientas para mejorar a tu equipo. Uno de los valores más preciados de las empresas que gozan de rápido crecimiento es el éxito de los individuos.

A continuación te ofreceremos cuatro elementos esenciales que todo ambiente de crecimiento debe tener.

1. Otras personas están más avanzadas que tú

Si usted es el mejor de su grupo, usted no puede crecer. Aquellas personas que desean crecer en cualesquiera de las áreas de su vida, necesitan rodearse de otras personas que estén más adelantados en el área específica en la cual buscas crecimiento. Recuerda, si eres el mejor de tu grupo, estás en el grupo equivocado. El crecimiento personal y profesional tiene que practicarse de manera intencional. Asegúrate de que buscas y aprendes de personas que pueden aportar a tu vida y tu carrera profesional. Aprende de libros, aprende de programas de audio, aprende de seminarios, aprende de conversaciones con otras personas. Busca siempre mejorarte, nutriéndote de las experiencias de los mejores.

2. Te retan continuamente

Todos los días debes sentirte como si 24 horas no fueran suficientes. La persona promedio vive una vida aburrida y con mucho tiempo de ocio. Es precisamente por eso que es "promedio". La persona de éxito piensa que nunca tiene suficiente tiempo para absorber toda la información, conocimiento, ejercicios, experiencias y acciones necesarias para lograr sus metas. Esto es únicamente la percepción que causa el proceso de crecimiento. Si te sientes ahogado y sin aire es porque te estás estirando. Pronto notarás que aquellas cosas que te hacían sentir fuera de control, son ahora rutina que logras realizar fácilmente. Cuando sientas nuevamente que tu vida está muy fácil y sencilla, es tiempo de estirarte y crecer otra vez.

3. Te enfocan hacia el futuro
Existen cuatro estrategias esenciales para enfocarte hacia el futuro.

➤ Continuar aprendiendo sobre tu negocio.
➤ Profundizar en el conocimiento de ti mismo.
➤ Mantener control de tu vida, a través de sistemas y rutinas exitosas.
➤ Mantener las distracciones fuera de tu vida. Decir NO a las cosas buenas para poder decir SÍ a las cosas mejores y excelentes.

4. Afirman tu valor como ser humano
En un ambiente de crecimiento se valora el ser humano con todas sus diferencias, fortalezas y deficiencias. Se reconoce que nadie es perfecto y también se reconoce que todos tienen algo que aportar. El ser humano vale y ese valor hay que enforcarlo en la dirección de tus objetivos y para el beneficio de tus clientes y consecuentemente la creación de riquezas y abundancia.

¿Cómo aplico lo aprendido?

Cómo Ser el Mejor

Todos queremos ser el mejor ser humano que podamos ser, el mejor profesional, el mejor en nuestro campo. Esto es un objetivo nato que el Todopoderoso nos ha regalado. Sin embargo, alcanzar este sitial se convierte a veces en una tarea sumamente difícil de lograr. A continuación te ofrecemos algunas sugerencias que practican aquellos que han logrado distinguirse como los mejores en su campo, industria, deporte o cualquier categoría en su vida. Utiliza estas sugerencias, como herramienta de evaluación, para identificar cuán cerca estás en convertirte en el mejor ser humano que puedes ser.

1. Conoce lo que quieres

Esto parece ser más fácil de lo que es. Muchas veces operamos durante toda la vida bajo la influencia de nuestros padres, la sociedad, el gobierno, el sistema educativo, la iglesia, nuestro entorno y las limitadas experiencias de vida. Tenemos que de manera intencional exponernos a diferentes vivencias, actividades, estructuras, ambientes, personas, industrias y diversas maneras de pensar hasta que nuestro ser interior reconozca dónde está su casa.

Es menester, también, darnos a la tarea de identificar nuestro tipo de personalidad y los talentos que acompañan esta personalidad. Todos podemos aprender cosas nuevas, pero nada supera la utilización correcta de nuestros talentos innatos.

Para ser el mejor tenemos que practicar la introspección y sacar tiempo regularmente para reflexionar sobre nuestra vida y cómo mejor encaminarla hacia el futuro y las metas que nos hemos fijado.

2. Practica tus talentos

Tus talentos son un indicador de cuál es la aportación que se espera de ti en este mundo terrenal. Si no conoces tus talentos, debes someterte a un análisis y evaluación profesional que te ayude a identificar los mismos. Tu vida será mucho más fácil una vez aprendas a operar dentro de la zona de tus talentos.

3. Aumenta tu energía

Nuestra esencia humana es la energía. Somos energía. Basado en esta premisa, tiene sentido que aprendamos a aumentar nuestra energía. Esta se manifiesta de dos (2) maneras diferentes: energía mental y energía física. Para aumentar la energía mental debemos exponernos a materiales educativos positivos y que enaltezcan al ser humano, también a personas que practiquen estos mismos principios.

Para aumentar nuestra energía física, tenemos que cuidar de nuestra salud y particularmente nuestra nutrición. Nos convertimos en aquello que consumimos. Identifica a un mentor o mentora que pueda apoyarte en tus esfuerzos por conocer más a fondo el funcionamiento del cuerpo humano y cómo maximizar el consumo adecuado de alimentos y tu rutina de ejercicios y prácticas de vida, tales como el dormir lo suficiente.

Acostúmbrate a pensarlo bien antes de echar algo a tu cuerpo o mente. Estos dos contenedores tienen que tener la mejor gasolina para lograr ser el mejor.

4. Rodéate de personas que añaden valor a tu vida

La mayoría de las personas le restan valor a tu vida. Nuestros mayores tropiezos en la vida se deben a la influencia de la gente que tenemos a nuestro alrededor, muchas veces en nuestra misma familia. Aprende a identificar de manera objetiva quiénes son aquellas personas con las cuales debes rodearte y recibir su influencia.

Aprende a utilizar la regla de los cinco a tu favor

Tus ingresos son el promedio de los ingresos de las cinco personas con quien tú más compartes. Tu desarrollo espiritual es el promedio del desarrollo espiritual de las cinco personas con quien tú más compartes. Tu condición física es el promedio de la condición física de las cinco personas con quien tú más compartes. Tu nivel cultural es el promedio del nivel cultural de las cinco personas con quien tú más compartes.

Tu salud es el promedio de la salud de las cinco personas con quien tú más compartes. El valor de tu casa es el promedio del valor de las casas de las cinco personas con quien tú más compartes. El valor de tu carro es el promedio del valor de los carros de las cinco personas con quien tú más compartes. Tu desarrollo personal es el promedio del desarrollo personal de las cinco personas con quien tú más compartes. La solidez de tu negocio es el promedio de la solidez del negocio de las cinco personas con quien tú más compartes.

Tu vocabulario es el promedio del vocabulario de las cinco personas con quien tú más compartes. Tu forma de vestir es el promedio de la forma de vestir de las cinco personas con quien tú más compartes. Tu forma de pensar es el promedio de la forma de pensar de las cinco personas con quien tú más compartes. Los lugares que tú visitas son los lugares que en promedio visitan las cinco personas con quien tú más compartes. La comida que tú comes es la comida que en promedio comen las cinco personas con quien tú más compartes.

Definitivamente, nuestros padres tenían razón. Dime con quién andas y te diré quien eres. Si quieres ser el mejor, tienes que evaluar aquellas personas que te rodean e identificar si en realidad representan el mejor uso de tu tiempo y energía. No significa que te alejes de las personas, ni que los abandones, sino que limites tu exposición a personas que NO aportan a tu vida y aumentes el compartir con aquellas que SÍ lo hacen.

5. Mantén tu entorno organizado

Aquellas personas que se convierten en los mejores se organizan para tener éxito en su vida. Desde su hogar, lugar de trabajo y hasta su mente, los más exitosos logran sus metas consistentemente en gran parte por su estructurada organización. El éxito tiene que ser planificado y organizado, no llega así porque sí. Hay que organizarse para recibir el éxito en nuestras vidas.

Desecha todo aquello que no utilices. Ropa que no has utilizado por más de un año debe donarse. Utencilios que no usas pero tienes guardados, debes venderlos o regalarlos. Elimina el desorden de tu vida. Vacía las gavetas de tu escritorio, tus gaveteros, mesa de noche, gabinetes de cocina, botiquín de baño y regresa a su lugar únicamente aquello que vas a utilizar. Todo lo demás debe desecharse. Te sorprenderás cómo un ambiente limpio y organizado te prepara para recibir cosas nuevas en tu vida.

Calendariza el tiempo para realizar estas actividades para asegurarte de que se llevan a cabo. Utiliza este tiempo, a su vez, para escuchar un audiolibro mientras realizas estos cambios en tu vida. Sentirás una sensación de logro y progreso muy positiva.

¿Cómo aplico lo aprendido?

El Efecto de la Gratitud
en tu Negocio

En ocasiones he discutido el tema de la vibración energética y su efecto en nuestras vidas. También he profundizado en las distintas maneras de movernos a la vibración energética que produce los resultados que deseamos. En esta lección discutiremos una de las estrategias más poderosas, útiles y eficientes para movernos a una vibración energética productiva. Es tan sencillo que usted pudiera ignorarlo o simplemente no darle la importancia que merece. Es por eso que debemos estar en un nivel de consciencia que nos permita internalizar su fuerza. Esta estrategia, utilizada constantemente por las personas más exitosas del mundo, es la gratitud.

De pequeños nos enseñaban a dar gracias. Es una manera de demostrar nuestros modales. Pero la gratitud y el dar gracias va mucho más allá que simplemente buenos modales. La gratitud te posiciona automáticamente en una disposición de recibir. Pero no recibir cualquier cosa o de cualquier fuente; sino, recibir abundantemente de esa fuente universal que está en espera de nuestra petición. No confundan estas palabras con frases e ideologías que muchas veces tildamos de "nueva era" o "pensando en pajaritos preñaos". La gratitud es parte de una gran cantidad de leyes universales que haríamos bien en conocer. Todos conocemos la ley de la gravedad. Alquien pudiera decir que no cree en esa ley, pero si salta por la ventana de un décimo piso, inmediatamente sentirá su efecto, ya que será sujeta a la misma. El desconocimiento de una ley universal no te exime de su efecto. A continuación discutiremos cinco prácticas que puedes utilizar para aumentar el efecto positivo de la gratitud en tu negocio:

1. Practica la gratitud en los sujetalibros del día (principio y final)

Asegúrate de dar gracias a primera hora en la mañana y antes de acostarte cada noche. Piensa en algo por lo cual debes estar agradecido e intencionalmente da gracias por ello. Esto tendrá una influencia positiva durante todo tu día. Haz lo mismo antes de acostarte. Algunas personas utilizan recordatorios en sus casas o áreas de trabajo de ciertos eventos o logros especiales. Esto puede tener un efecto muy positivo. Utilízalo.

2. Escríbelo

Existe un poder extraordinario en escribir a mano. Cuando escribimos a mano, se crea una conexión directa con la mente que es mucho más fuerte que leer, escuchar, escribir en computadora o memorizar. Cuando escribimos a mano las razones por las cuales sentimos gratitud en nuestra vida, tocamos directamente el espacio mental que nos ayuda a recibir más cosas. Enunciar abiertamente que estamos agradecidos es poderoso, pero nada como escribirlo a mano. Si logra establecer la disciplina de regularmente expresar gratitud por escrito, su vida tomará un giro excepcional. Hasta puede desechar el papel una vez lo haya escrito, lo importante es la acción de escribirlo. Si desea guardarlo para referencia futura, mejor; pero, no es necesario.

3. Define las razones por las cuales estás agradecido

Una cosa es anotar aquellas cosas por las cuales estás agradecido, otra identificar exactamente por qué estás agradecido de esa cosa en particular. Cuando logramos identificar la razón de nuestro agradecimiento (no solo la cosa) desarrollamos una apreciación mayor por lo ocurrido y podemos recrear situaciones similares. Esta práctica nada mas, incorpora el fundamento básico para transformar cualquier vida.

4. Sé agradecido por todo

Es muy fácil ser agradecido por las cosas buenas y positivas que nos han ocurrido en la vida. Para llevar el efecto de la gratitud a otro nivel, tenemos que practicar el ser agradecidos también por las cosas que no han salido tan bien o simplemente por situaciones negativas, malas, fracasos y desalientos. Decía un sabio una vez: "Dale gracias a Dios que no todo lo que deseas se te da". Inicialmente podemos pensar que todo lo que deseamos es bueno para nosotros, pero nunca conocemos lo suficiente como para entender aquellas cosas que no se nos dan y la gracia que existe en ello. Dice el escritor Charles R. Swindoll que la *gracia* es aceptación total de lo ocurrido independientemente de si lo merecemos o no.

5. Muestra agradecimiento a los demás
La gratitud no siempre tiene que ser expresada verbalmente. Puede también demostrarse a través de nuestras acciones para con los demás. Podemos ayudar físicamente a alguien, enviar un mensaje de texto, escribir un correo electrónico, hacer una llamada telefónica y hasta enviar una carta o tarjeta postal. Lo importante es que el gesto claramente demuestre gratitud hacia la otra persona, personas u organización.

Cuando comenzamos a practicar gratitud de manera regular, activamos el *efecto de la gratitud* en nuestro negocio. Decía un exitoso hombre de negocios: "Ser agradecido es una excelente estrategia de negocios". No olvidemos la íntima relación que existe entre los pequeños detalles y los grandes logros en nuestra vida. La pirámide más grande está hecha de muchos bloques pequeños de piedra.

Libertad Política vs. Libertad Económica

Tenemos la dicha de vivir en un país donde existe libertad política. Aún con todas las imperfecciones de nuestro sistema político, este nos ofrece grandes ventajas en comparación con otras naciones. Muchos de nuestros ancestros tuvieron que luchar por la libertad política de la que hoy gozamos. Otros perdieron sus vidas en guerras. Bebés nacen todos los días con libertad política sin ni siquiera saber lo que es. Pero la tienen. Esto es una gran bendición. Sin embargo, la libertad política aunque es un avance, no representa mucho sin libertad económica. Veamos algunos ejemplos:

Tenemos la libertad política de vivir en cualquier lugar que deseemos, pero si no tenemos libertad económica, tendremos que conformarnos con vivir donde podamos, donde nuestro bolsillo nos alcance.

Tenemos la libertad política de conducir cualquier auto que querramos, hasta de tener un chofer privado y viajar siempre en limosina. No obstante, esto requiere una libertad económica en particular.

Tenemos la libertad política de viajar y visitar cualquier país del mundo. Sin embargo, nuestro nivel de libertad económica determinará a donde viajamos y por cuánto tiempo.

Tenemos la libertad política de escoger si trabajamos o no trabajamos, sin embargo, es la libertad económica la que en realidad determina si nos podemos dar el lujo de no trabajar.

Tenemos la libertad política de decidir qué horas vamos a trabajar, mas si carecemos de libertad económica estamos en realidad a la merced de nuestros clientes.

Tenemos la libertad política de practicar cualquier deporte que se nos antoje, pero únicamente podemos practicar aquellos que por su estructura podamos costear.

Si te gusta jugar golf tienes la libertad política de hacerlo en cualquier campo de tu predilección, no obstante, tu libertad económica determinará exactamente donde podrás jugarlo.

En nuestra vida, buscamos desarrollar la libertad económica necesaria para alcanzar todos nuestros deseos y disfrutar plenamente de esa libertad política que ya tenemos. La libertad económica nos toca a nosotros trabajarla.

Es imperante estar consciente de esta realidad para poder más eficientemente enfocarte en el esfuerzo que debes realizar para obtener el nivel de libertad económica necesario para alcanzar tus objetivos. Te toca a ti y te toca ahora. Afortunadamente esto no requiere de una guerra. Lo que sí requiere es una batalla, una batalla mental en la cual tienes que esforzarte lo más posible para ganar.

¿Cómo aplico lo aprendido?

_____

_____

_____

_____

_____

_____

_____

_____

_____

_____

_____

_____

_____

Ventanas Rotas, Negocio Roto

La frase *Ventanas Rotas, Negocio Roto* es el resultado de la metáfora que describe el concepto: "Si una ventana está rota y se deja sin reparar, la gente que pase por el área concluirá que a nadie le importa y que nadie está a cargo." Esta teoría se basa en que las pequeñas cosas son muy importantes. La misma surge del trabajo de dos criminalistas, George Kelling y James Wilson, quienes enunciaron que el desorden pequeño, tal como lo es el vandalismo, si no se corrige a tiempo, resulta en crímenes grandes y violentos. Al enforcarse en corregir las pequeñas ofensas, los crímenes mayores se reducirían automáticamente.

El alcalde de la ciudad de Nueva York, Rudolph Giuliani implementó esta teoría entre los años 1984 y 1990. El graffiti era removido de todos los trenes subterráneos en las noches; las personas que brincaban por encima de la valla donde se paga la tarifa del tren fueron arrestados y se hizo un esfuerzo intencional y consistente para recoger toda la basura que estaba en las calles. Los peatones que cruzaban las calles sin la señal de cruce, eran multados. En un período sorprendentemente rápido, los crímenes mayores y violentos se redujeron significativamente. Previo a estos cambios e implementación de este plan de acción, las ofensas pequeñas habían dejado de ser atendidas por el mucho tiempo administrativo que tomaban. Los oficiales de la policía pensaban que era una pérdida de tiempo atender estos casos pequeños cuando existían crímenes graves tales como: robos, violaciones y asesinatos.

En Nueva York, lo primero que hicieron fue atender el tema de las personas que brincaban la valla de pago del tren. Se estimaba que alrededor de 170,000 personas brincaban a diario sin pagar su tarifa. Comenzaron a arrestarlos, esposarlos y ponerlos en cadena a todos, uno al lado del otro hasta que tuvieran suficientes para llevarlos al cuartel. Mientras tanto, la gente veía como todas estas personas estaban esposadas y amarradas unas con las otras en los pasillos. El mensaje comenzó a llegar a la gente.

Descubrieron muy pronto que 1 de cada 20 personas que brincaban las vallas, cargaban con un arma de fuego ilegal, no registrada. También identificaron que 1 de cada 7 de estas personas eran buscadas por la justicia para ser arrestadas. No tomó mucho tiempo en lo que la policía, quien al principio no creía en esta filosofía, comenzara a aplicarla a otros asuntos pequeños tales como: los limpia-cristales en las calles, los borrachos y las personas que tiraban basura al suelo y se orinaban en los callejones. Los resultados en cuanto a descubrir y encontrar a criminales fueron muy parecidos. Así que, atendiendo los asuntos pequeños, comenzaron rápidamente a resolver los asuntos de mayor envergadura.

Siempre que prestamos atención, cuidamos y atendemos los detalles pequeños, estamos asegurando fortalecer las cosas grandes. El crimen, al igual que la falta de control de nuestros grandes problemas es el resultado del desorden En uno de los experimentos realizados, se utilizó un auto marca *Jaguar* en excelentes condiciones y se dejó estacionado en el sur del Bronx en Nueva York. Durante cuatro días, la gente pasaba y nadie tan siquiera lo tocaba. En el cuarto día, las personas conduciendo el experimento rompieron uno de los pequeños cristales traseros del auto y en cuestión de cuatro horas el auto había sido desmantelado en su totalidad, lo viraron y lo quemaron. Así de poderoso es el efecto de *Ventanas Rotas, Negocio Roto*.

Cuando algo no vaya bien en su negocio y en su vida, tiene que tomar acción inmediata para corregir la situación. De no hacerlo, alimentará este fenómeno y pudiera tener los mismos efectos que una plaga o epidemia. Como empresarios, tenemos que velar por los pequeños detalles: cuán rápido devuelvo mis llamadas a los prospectos, cuán rápido proceso la documentación necesaria para un cierre, la calidad de mis materiales de mercadeo, etc.

Una de las áreas donde este fenómeno tiene mucho poder y pudiera devastar nuestro negocio es en los empleados que contratamos para nuestra empresa. Es vital haber completado un formulario del "Empleado Ideal" y asegurarnos de que estas cualidades que buscamos en nuestro equipo vayan a la par con nuestra filosofía de negocios y cultura empresarial. Diferentes personas funcionarán de diferente manera en diferentes empresas. No significa que usted tiene que conseguir a alquien perfecto; perfecto no es nadie. Pero todos sus empleados deben ser cónsonos con su cultura empresarial. A propósito, definimos cultura empresarial como aquellas prácticas, procesos, actitudes y comportamientos particulares y deseados dentro de tu empresa. Los clientes juzgan tu empresa, no en lo que el material de mercadeo comunica, sino en lo que ellos observan a través de tu equipo. Sus actitudes, desempeño, modales, atenciones y disponibilidad. La impresión a través del teléfono, la manera de redactar mensajes de texto y correos electrónicos y cuánto tiempo transcurre entre cada interacción.

Una de las ventanas rotas en nuestros negocios es cuando dejamos de hacer aquello que conocemos tenemos que hacer para alcanzar nuestras metas, cuando retiramos la prioridad de los elementos esenciales para atender elementos de emergencia que no necesariamente se reflejarán en mi éxito a largo plazo. Es por eso que es vital mantener por escrito cuáles serán nuestras acciones a tomar para desarrollar el negocio y leerlas y revisarlas de manera regular para ir poco a poco internalizando su importancia y hacerlo parte de nuestra vida de manera permanente. Es vital, a su vez, integrar personas a tu equipo que estén atentos a todos estos detalles y que permanezcan vigilantes a los pequeños detalles para tener otros ojos disponibles que cuiden del negocio. Después de todo, es el negocio de todos.

Es muy fácil descarrilarse hasta identificar que estamos completamente fuera del camino. Lo importante es tener la capacidad y formación necesaria para percatarse de esto y tener la madurez de comenzar con fuerza, una y otra vez.

Descarrilarse no es el problema, abandonar nuestra meta sí lo es. Muchas veces estamos tan ocupados que pudiéramos entretener el pensamiento de *lo arreglo o corrijo luego*. Este pensamiento empeora la situación.

Cuánto más esperamos en arreglar o corregir algo, más difícil la tarea será. Pensamos que si no atendemos el asunto, lo podemos corregir luego de igual manera que hoy. En realidad, la mayoría de las veces, cuando desatendemos los asuntos de los negocios y la vida, estos suelen empeorar.

Recuerda, prestando atención a los pequeños detalles podemos crear grandes logros y evitar grandes pérdidas, a la vez que aceleramos nuestro crecimiento y logro de objetivos. Analiza tu negocio en todos sus detalles de manera regular y tendrás a la mano una de las herramientas más poderosas del éxito empresarial y de vida.

¿Cómo aplico lo aprendido?

_____

_____

_____

_____

_____

_____

_____

_____

_____

_____

_____

_____

_____

La Edad Dorada

La Edad Dorada no es una edad cronológica. Es más bien una edad emocional. Una edad donde la madurez y entendimiento del funcionamiento de la mente y la vida se unen para facilitar el logro de tus objetivos. Algunas personas adquieren esta edad dorada temprano en sus vidas, otras a mitad de vida, algunas al final de sus vidas y desafortunadamente existen aquellos quienes nunca logran alcanzarla. Lo que sí es seguro es que en esta edad dorada es que alcanzamos la mayoría de nuestros logros. Atravesar la edad dorada es como navegar con el viento siempre a nuestro favor. Existe un balance en nuestras vidas que nos permite manejar todo tipo de retos y una claridad de pensamiento que nos asiste en la toma acertada de decisiones.

La mayoría de las personas alcanzan esta edad dorada de forma natural. No obstante, es posible crearla de manera intencional a través de un plan de desarrollo personal cuidadosamente estructurado que considere todos los aspectos que actualmente forman tu vida.

A continuación, te ofrecemos algunos ejemplos de personas que durante su edad dorada maximizaron su contribución y aportación al mundo y la sociedad, resultando esto en grandes riquezas personales y legados extraordinarios. Recuerden que la base de toda riqueza es la aportación que realizamos al bien común y cuán única es esa aportación, de modo que represente el mayor valor posible de nuestra parte hacia el mundo.

Stan Lee creó su primer *comic* titulado Los Cuatro Fantásticos a la edad de 38 años. Luego creó el legendario Universo Marvel con personajes como El Hombre Araña, X-Men y muchos otros. Más de 400 personajes, entre ellos: Los Vengadores, La Viuda Negra, Los Cuatros Fantásticos, Ojo de Águila, Hulk, La Antorcha Humana, La Mujer Invisible, El Hombre de Acero, Magneto, Mente Maestra, El Hombre Arena, El Hombre Araña, El Hombre Relámpago, Mister Fantástico, Thor, Los Hombres X, entre otros.

La afamada chef y celebridad Julia Child escribió su primer libro de recetas a la edad de 50 años. El famoso autor Harry Bernstein, quien fue rechazado muchísimas veces, logró su primer éxito a la edad de 96 años.

Henry Ford tenía 45 años de edad cuando creó el revolucionario Modelo T que dio paso a una de las industrias más grandes.

Charles Darwin vivió casi toda su vida en la oscuridad hasta que a la edad de 50 años su obra *El Origen de la Especies* cambió la comunidad científica para siempre.

Ray Kroc se pasó la vida vendiendo licuadoras hasta que a la edad de 52 años compró el negocio McDonald's y modificó su modelo de negocios, convirtiéndolo en la franquicia de comida rápida más grande del mundo.

Taikichiro Mori era un profesor quien a la edad de 51 años comenzó a invertir en bienes raíces, amasando una fortuna de 13 billones de dólares. En 1992 y 1993 fue el hombre más rico del mundo, según la revista Forbes. Cabe mencionar que nunca le gustó la notoriedad y vivió en una casa humilde y modesta hasta el final de su vida.

Harland Sanders, mejor conocido como el Colonel Sanders tenía 62 años de edad cuando comenzó con la franquicia de Kentucky Fried Chicken la cual vendió por dos (2) millones de dólares antes de retirarse.

La Evolución de un Líder

Anna Mary Robertson Moses, mejor conocida como Abuela Moses, comenzó su prolífica carrera de pintora a la edad de 78 años. En el año 2006, una de sus pinturas se vendió por 1.2 millones de dólares.

Benjamín Franklin se considera una de las figuras más exitosas de la humanidad. Sin embargo, no fue hasta que tenía 46 años que los frutos de su trabajo de toda una vida comenzaron a notarse. Algunas de sus aportaciones fueron: los espejuelos bifocales, el funcionamiento de la electricidad, el filamento de las bombillas que previene que las casas se quemen con la electricidad que llega a las mismas, la estufa, las chapaletas de bucear y snorkling, el odómetro, el concepto de *Daylight Saving Time*, el sistema postal del correo. Fue empresario, filósofo, filántropo, político, inventor, diplomático, descubridor y como si fuera poco, se le considera uno de los precursores del campo de la superación y autoayuda.

Joanne K. Rowling, creadora de la exitosa serie Harry Potter, transformó su vida a la edad de 34 años, conviertiéndose en una de las personas más ricas del mundo, superando en riqueza a la reina de Inglaterra, su nación de procedencia.

¿Qué debo esperar cuando llegue a la edad dorada (natural, emocional o capacidad productiva)?

➤Asumir responsabilidad por el estatus quo. Las personas emocionalmente maduras asumen responsabilidad por su situación de vida. Identifique exactamente dónde está en su vida y planifique moverse hacia donde quiere estar.

➤Enfrentar las consecuencias de manera realista y tomar las acciones necesarias para corregir la dirección de su vida.

➤Las personas que entran en la edad dorada se niegan a rendirse. Conocen que poseen el potencial necesario para alcanzar sus metas y objetivos. Han experimentado altas y bajas en su vida y están emocionalmente preparados para dar la milla extra. Esta vez con más experiencia, sabiduría y confianza. La edad dorada es una época perfecta para demostrar el espíritu indomable que el Todopoderoso ha puesto en nuestro corazón. La voluntad humana no tiene límites y son miles las historias documentadas que lo han demostrado. Estoy seguro que son muchas más las que no se han documentado, pero que demuestran sin lugar a duda que independientemente de las circunstancias particulares de la persona, aquel que lleva por dentro un deseo ardiente de alcanzar sus metas y hacer una diferencia en su vida y las vidas de los demás, es equipado con todas las herramientas necesarias para lograr sus objetivos.

Aprende a mirar tu vida con ojos de posibilidad, conociendo que aunque momentáneamente existan retos que aparenten ser inconquistables, la naturaleza humana es más fuerte que cualquier reto o tropiezo mundano. Nunca es muy tarde para comenzar a crear la vida que siempre has soñado.

¿Cómo aplico lo aprendido?

El Desarrollo Personal es un Proceso Acumulativo

Vivimos en la cultura del microondas. Los avances tecnológicos de nuestra sociedad nos han llevado a desarrollar una mentalidad de resultados instantáneos. Café instantáneo, té en bolsitas, vegetales en latas, comida rápida sin tan siquiera tener que bajarnos de nuestro auto, máquinas de lavado de autos en menos de dos minutos, operaciones del cuerpo que reducen tu peso de manera significativa de un día para otro, cirugías que remueven años acumulados en tu rostro y cuerpo, acceso a dinero que todavía no te has ganado a través de tarjetas de crédito, acceso inmediato a películas a través de la internet, títulos universitarios en poco tiempo, carreras cortas, GED (Diploma de Educación General) en tan solo días.

El ser humano es una intriga. Se distingue siendo una de las especies más inteligentes, capaz de razonar, planificar y pensar a largo plazo. Sin embargo, su desarrollo emocional toma muchísimo tiempo. Hay quien a la edad de 20 años no ha podido desarrollar la sencilla disciplina de recoger y hacer su cama en la mañana. Otros a los 50 años de edad tienen el mismo problema que tenían hace 30 años. Es una gran paradoja difícil, sino, imposible de entender.

Cuando miramos a nuestro alrededor presenciamos muchísimas cosas creadas por el ser humano. Cosas tan grandiosas como: las computadoras, los rascacielos, aviones, cohetes, autos, barcos, submarinos, música extraordinaria, medicinas, enfermedades (creadas para vendernos las medicinas) y muchas cosas más. Somos una fuente inagotable de ideas y creaciones útiles para el beneficio y el mejoramiento de nuestras vidas.

El desarrollo personal es un proceso acumulativo y muy lento. En cierto modo, es una forma de practicar de cómo vivir para alcanzar nuestros objetivos principales. Sin embargo, a su vez, es una lucha contra aquellas ideas, costumbres y tradiciones plantadas en nuestro ser por la sociedad, la familia, la religión, el gobierno y todo nuestro entorno.

Se dice que cuando alguien habla, él o ella no habla. Quien habla es alquien que ha escuchado en el pasado y cuyo pensamiento se ha grabado, se ha programado en su conciencia. Es por eso que es vital reescribir nuestra programación interior dirigida esta vez hacia la obtención de nuestros sueños y objetivos.

Para facilitar este proceso es menester identificar aquellos pensadores cuyas filosofías te pueden llevar a tu meta, si las incorporas de manera intencional. Leer, escuchar, preguntar y hablar con personas que pueden apoyarte en tus esfuerzos de vida. Este no es un proceso rápido, pero es la única manera de crecer. Aunque el proceso es lento te va fortaleciendo cada día más. No obstante, es como la comida física hay que ingerirla diariamente. Puedes escoger ayunar si deseas, pero no puedes pasar mucho tiempo sin volver a nutrirte. De otra manera tu cuerpo se debilitaría. Lo mismo ocurre con nuestra comida mental, tiene que ser consumida a diario.

Por cada pensamiento negativo al cual somos expuestos, necesitamos 16 pensamientos positivos para balancear nuestra actitud. Para adelantarnos, necesitamos por lo menos 17 pensamientos positivos por cada uno negativo. El mayor reto que tenemos es que es fácil exponernos a pensamientos negativos. Aún sin buscar los mismos, estos se encargan de llegar a nuestra vida. A través de otras personas, la prensa, la radio, la televisión y hasta sin tener contacto con nadie.

Por ejemplo, si vamos conduciendo por una carretera y caemos en un hoyo el cual explota una goma de nuestro carro y dobla el aro, es casi inevitable tener un pensamiento negativo. Todo esto sin gente a nuestro alrededor y sin ningún tipo de medios presentes. El mero hecho de caer en el hoyo trae consigo pensamientos negativos sobre el país, el gobierno, el contratista de la carretera y hasta la persona que lo engendró.

Por otro lado, existen falsos profetas (nuevamente dentro de las religiones, el gobierno y las esferas sociales) que comunican un mensaje de esperanza solo si los sigues. Tu futuro y el bienestar de tu familia están condicionados a un voto, una filosofía impuesta o el temor a perder algo. Es por eso que es de suma importancia conocer el gran potencial que llevas por dentro y cómo eres tú el responsable de alcanzar las cosas en tu vida, no se puede delegar el futuro a nadie. El Todopoderoso te ha dotado con exactamente lo que necesitas para alcanzar tus sueños. Después de todo, fue Él quien depositó esos sueños en ti.

Crecer personal y profesionalmente requiere de una decisión firme. Una decisión intencional respaldada con el compromiso suficiente como para mantenerte encarrilado aún cuando el camino se torne duro. Nadie puede crecer por casualidad. Nadie puede crecer de repente. Nadie puede crecer sin proponérselo. Nadie puede crecer sin desearlo. Nadie puede crecer sin un plan estructurado. Nadie puede crecer solo porque sí. Crecer en edad no significa crecer como persona. Es más, existen personas que con el pasar de los años van hacia atrás en vez de progresar. Personas que se estancan. Personas que están tan seguras de que su manera es la mejor manera, que nadie los puede ayudar. Ellos mismos cavan su propia tumba. Evite ser una de estas personas.

Entender que el desarrollo personal es un proceso acumulativo te ofrece la ventaja de la paciencia y la tolerancia durante el proceso de crecimiento. También te ofrece la oportunidad de monitorear y medir tu crecimiento basado en distintas actividades relacionadas con tu profesión y tu personalidad. El que se da a la tarea de crecer comienza a notar cambios en su vida. Empieza también a identificar aquellas personas capaces de enaltecer sus vidas y evitar aquellas que en realidad los hacen retroceder. Cuando incorporamos nuevo material de crecimiento personal en nuestras vidas, nuestro ser comienza a sintonizarse con aquellos programas que son afines con nuestra personalidad.

Existen muchos programas de desarrollo personal. No todos son afines con todo el mundo. No todos serán para ti en todo momento. Existen algunos que suplirán tu necesidad de crecimiento en este momento. Otros la suplirán luego. Pudiera tan bien ser que algunos programas nunca suplan tu necesidad. Es por eso que debemos exponernos a la mayor cantidad de material posible para identificar cuáles son los nuestros, particularmente en nuestra situación actual. Una vez identifiquemos aquellos programas con los cuales me siento a gusto y que me tocan el corazón, podemos movernos a hacer lo mismo en otra categoría.

Por ejemplo, necesitamos programas de fortaleza mental, de condicionamiento físico, programas espirituales, programas de salud, programas de relaciones interpersonales y programas que fortalezcan nuestras destrezas profesionales. Estos no son los únicos programas que necesitamos, pero sí representan un buen comienzo. Una de las herramientas fundamentales para el crecimiento es leer y escuchar programas de audio. Escuchar audiolibros es vital y representa uno de los ejes de todo programa de crecimiento personal y profesional exitoso.

Debo mencionar que existe una marcada diferencia entre leer y escuchar. Cada una de estas actividades activa una parte diferente de nuestra mente. Es importante hacer las dos cosas: leer y escuchar. A veces es más fácil escuchar programas hasta que identifiquemos cuáles nos gustan y nos apoyan, entonces podemos graduarnos a leer el mismo programa, pero en libro, no escucharlo en audio. No es una cuestión de uno o el otro. Es un complemento de ambos. Leer un libro en ocasiones y escuchar el audiolibro del mismo libro en otras ocasiones, es el suplemento perfecto.

Si hay algo trascendental que puedo aportarles es este conocimiento de combinar ambas herramientas de crecimiento. Es muy sencillo, no obstante, la mayoría de la gente en el mundo lo ignora por completo. Es por eso que la mayoría de las personas nunca alcanza su máximo potencial. Es mi más sincero deseo que usted, el lector sea parte de ese selecto grupo, ese grupo elite de personas que sí conocen el poder de estas herramientas y terminan evolucionando y transformando sus vidas y las vidas de aquellos que los rodean.

Las cosas más poderosas son las más sencillas, pero el hecho de que sean sencillas no las hace fácil de implementar. Es ahí donde necesitan nutrirse de su sueño, de sus metas y objetivos e identificar cuál es la razón por la cual tienen que lograr los mismos. La razón, el porqué es lo que activará este conocimiento tan poderoso de crecimiento personal. Ahora usted tienen el poder en su mente y en sus manos. Le toca llevarlo al corazón.

Busca la Grúa

Una de las estrategias más utilizadas por inversionistas al momento de invertir en bienes raíces comerciales es buscar las grúas. Me refiero a las grúas que se utilizan en los lugares de construcción para ayudar con el movimiento de materiales pesados, particularmente en la construcción de edificios con multipisos. Para los inversionistas, las grúas representan oportunidad y progreso. El mero hecho de que exista un lugar donde se están realizando construcciones o mejoras que requieren el uso de una grúa es un indicador positivo de que el área se encuentra o se dirige en la dirección correcta dentro del ciclo de los bienes raíces. Frecuentemente estos lugares tienen varias grúas de construcción, lo que significa que el capital disponible es aún mayor y permite acelerar la construcción y reducir el tiempo necesario para terminar la obra, resultando esto en la oportunidad de comenzar a recibir los beneficios de la inversión y el retorno de la misma lo antes posible.

Esta es una estrategia que toda persona de éxito debe perseguir. Darse a la tarea de aprender a identificar cuáles son los indicadores de oportunidad y progreso en su vida, negocio, industria, comunidad y entorno. Cuando aprendemos a identificar oportunidades, nos convertimos asimismo en personas que pueden descifrar la manera de añadir valor a la situación. Conocemos que el secreto del éxito es añadir valor. Punto. Podemos complicarnos la vida con fórmulas, teorías, investigaciones, estrategias y adquiriendo todo el conocimiento disponible, pero al final del día la clave de nuestro progreso estriba en cuánto valor he aportado. Este valor es el que determinará mi compensación en la vida. No confundamos el añadir valor con realizar algo valioso. Por ejemplo, separar un fin de semana completo para limpiar la casa y hacer algunas reparaciones necesarias, es algo valioso. No obstante, su valor no es mucho. Hay que hacerlo aunque no añada el tipo de valor atado a la compensación de una persona.

La razón para que el fundador de Microsoft®, Bill Gates, sea una de las personas más ricas del mundo radica en que su obra ha sido una que añade gran valor a las personas y la sociedad. La mayoría de las personas en el mundo encuentran valor en la utilización de computadoras con el sistema operativo de Windows®, creado por la empresa de Bill Gates. Esto no significa que sea el mejor sistema operativo del mundo, sino que satisface una de las necesidades más grandes del mundo y la satisface a gran escala. Mientras mayor sea la escala de satisfacción y valor aportado, mayor la abundancia proveniente de dicha gestión.

Si unimos estos dos principios universales, podemos descodificar la fórmula de éxito y abundancia en nuestras vidas. Primero, tenemos que conocer nuestro negocio, nuestro nicho íntimamente. Solo conociendo y dominando nuestro negocio podemos fácilmente identificar oportunidades. Cuando conocemos nuestro negocio, conocemos las normas y estándares del mismo. Cuando vemos situaciones que se desvían de estas normas y estándares, podemos reconocer que existe una oportunidad.

Por ejemplo, en bienes raíces, si conocemos que en cierta urbanización el valor promedio de las casas de tres cuartos es de $150,000 y encontramos una casa con cuatro cuartos con un precio de $145,000, inmediatamente conoceríamos que esto representa una buena oportunidad. Este ejemplo es muy sencillo y fácil de visualizar. No siempre las oportunidades son tan evidentes evidentes Utilicemos otro ejemplo, usted conoce su industria y lo que las personas buscan dentro de la misma. De repente, conoce a una persona que está en la búsqueda de oportunidades de ingresos y luego de una conversación breve, determina que esta persona pudiera convertirse parte de su equipo dentro de su empresa y que la él o ella representa una selección adecuada para su compañía. Únicamente conociendo bien su industria y lo que realmente ofrece, pudiera hacer esta determinación.

El hecho de que alguien esté buscando oportunidades de ingresos no significa necesariamente que sea una buena selección para su empresa. Tiene que conocer un poco más sobre la dinámica y la idiosincracia de la persona vs. la industria para identificar si existe una oportunidad real o es meramente que alguien está buscando empleo y usted esté reclutando.

Las oportunidades son espacios que se desvían de la norma operacional de algo. Las grandes oportunidades no están en lo normal, en los promedios, en los mercados estables; están en lo diferente, lo nuevo, lo viejo y olvidado y lo desatendido. Para identificar estas oportunidades es menester dominar lo nuestro. Cuando conocemos a fondo nuestro negocio, nuestra industria, nuestro mercado, podemos fácilmente identificar las oportunidades que nos permitirán descubrir aquellas áreas donde podemos aportar de manera tal que el valor añadido sea notable y resulte en la creación de abundancia en nuestras vidas.

Los líderes más exitosos incorporan a su rutina diaria la práctica de evaluar su nivel de aportación. Logran esto a través de cuatro preguntas sencillas, pero poderosas. Estas son:

En la mañana:
1. ¿A quién le voy a añadir valor hoy?
2. ¿Cómo le voy a añadir valor a esta o estas personas?

Al terminar el día:
1. ¿A quién le añadí valor hoy?
2. ¿Cómo le añadí valor?

Estas cuatro preguntas tienen el poder de mantenerte en tu zona de aportación. Esta es la zona que te llevará directamente hacia tus metas y objetivos. Recuerda, todo lo que recibes en la vida es el resultado de tu aportación. Cuando estás en tu zona de aportación, puedes fácilmente ver las oportunidades que se presentan en tu vida.

Busca la grúa de tu vida y a través del desarrollo personal y profesional en el cual te has involucrado lograrás convertirte en el tipo de persona que se destacan extraordinariamente en todo lo que hacen. Recuerda, la grúa representa el terreno fértil, tu aportación representa la siembra de la semilla del éxito y la cosecha representa la abundancia que recibirás como resultado de haber tomado acción, luego haberte ocupado de conocer a fondo y dominar tu negocio.

¿Cómo aplico lo aprendido?

Tipos de Relaciones

Como líderes, tenemos que dominar el tema de las relaciones personales. Sin embargo, no todas las relaciones son iguales. Es menester no solo conocer cómo establecer relaciones exitosas, sino identificar el nivel de relación que tengo con cada persona y dedicarme a solidificar este nivel cada día más.

Las relaciones interpersonales se dividen en los siguientes cuatro niveles: relaciones de superficie, estructuradas, seguras y sólidas.

1. Características de las relaciones de superficie:
    Son las más comunes.
    Son la base de todas las relaciones.
    No existe un compromiso serio.
    Es una relación pasiva.
    No hay que hacer nada para mantenerla.
    La relación que tienes con el empleado de una tienda que frecuentas.

2. Características de las relaciones estructuradas:
    La interacción es en un lugar y un horario específico.
    La interacción ocurre de manera regular.
    En la iglesia, el gimnasio, el juego de pequeñas ligas de tus hijos, etc.
    La interacción ocurre alrededor de un interés común.
    La actividad los une, no la relación.

3. Características de las relaciones seguras:

Las personas deciden compartir más tiempo juntos.
La relación estructurada se convierte en una actividad que disfrutas.
La relación los une, no la actividad.
Existe un compartir mutuo.
Ambas partes aportan a la relación.
Comienza a desarrollarse confianza.
Aquí comienza la amistad.
Las pesonas comienzan a hacer cosas más allá de lo común por los otros.
Existe un alto grado de comodidad con la otra persona.

4. Características de las relaciones sólidas.

Representa la más alta de todas las relaciones.
Confianza total y confidencialidad.
Puedes abrir tu corazón sin temor a que te hieran.
Existe un alto deseo de servir y dar a la otra persona.

Los niveles de las relaciones pueden moverse en cualquier dirección. El nivel de la relación es afectado y lo determina la capacidad de la persona para responder a situaciones de conflictos. Cuando tengo un conflicto con una persona, esa relación se ve amenazada y es importante desarrollar la madurez e inteligencia emocional necesaria para manejar exitosamente la situación y no permitir que el nivel de la relación sufra. Por ejemplo, pudiera tener una relación *segura* con un colega de la industria que a su vez forma parte de una junta de directores. Al principio, el nivel de nuestra relación era *estructurada*, luego comenzamos a compartir fuera del ambiente de la junta y la relación se convirtió en una *segura*. No obstante, hubo un momento donde un desacuerdo dentro de la junta, produjo un conflicto que deslizó nuestra relación al nivel anterior de *estructurada*. Solo nos veíamos en las reuniones de la junta y nuestro compartir se limitaba únicamente a esta actividad. Esto es muy común y deberíamos evitarlo si nuestra meta es convertirnos en líderes poderosos.

¿Cómo aplico lo aprendido?

Creando un Equipo Ganador

Algunas de las preguntas más importantes que debemos hacernos en la vida son las siguientes:

¿Qué tipo de ambiente frecuento?
¿Qué tipo de ambiente estoy creando para desarrollarme como individuo?
¿De qué tipo de personas me rodeo?
¿Cuáles disciplinas he creado para asegurarme de GANAR en la vida?

Todos deseamos tener un equipo ganador y los equipos ganadores comienzan con un ambiente de ganadores. Son los equipos los que ganan. Nadie, en la historia de la humanidad ha logrado alcanzar objetivos significativos de manera independiente. Para crear un ambiente ganador, debo conocer los elementos que componen a un equipo ganador.

1. Tolerancia
Tolerar las debilidades de las personas en mi equipo, ya que todos tenemos debilidades. ¡Nadie es perfecto! Tenemos que ver con nuestro corazón, no únicamente con nuestros ojos.

2. Aliento
Alentar y celebrar genuinamente los éxitos de los demás, ya que todos alcanzamos éxitos y muchas veces pasan desapercibidos. Compartir con las personas en los momentos de gozo y también en momentos difíciles.

3. Reconocimiento

Es necesario reconocer que cada uno de nosotros posee algo muy valioso que aportar a la sociedad, a nuestra industria, a nuestro grupo. El mejor reconocimiento es el reconocimiento público. Comunicar a otras personas la aportación que hacen los demás. Respetar y comunicar su momento de gloria.

4. Concientización

Tenemos que estar conscientes de que cada uno de nosotros necesita de los demás. Madre Teresa decía: "Yo puedo hacer, lo que tú no puedes hacer; tú puedes hacer, lo que yo no puedo hacer. Pero juntos podemos hacer grandes obras."

La tolerancia, el aliento, el reconocimiento y la concientización requieren madurez. La gente inmadura no puede trabajar en equipos y es por eso que nunca alcanzan muchas cosas en su vida. La madurez es vital para crear un ambiente de crecimiento y fortalecer equipos que logren alcanzar sus metas y objetivos. Practiquemos estos principios de relaciones interpersonales y lograremos desarrollar una empresa sólida que nos produzca excelentes ingresos de manera consistente.

¿Cómo aplico lo aprendido?

Del Conocimiento a la Confianza

El desarrollo de las relaciones interpersonales es un elemento esencial que precede el crecimiento de todo negocio. Existen estereotipos que han influenciado la percepción del consumidor con respecto a los profesionales. El primer estereotipo es *el vendedor*. Este es el tipo de persona que habla mucho, pero frecuentemente falla en la realización de su trabajo completo. También está el *trabajador incansable* que se encarga de manejar todos los detalles de la organización, pero muchas veces falla en comunicarse adecuadamente con el cliente. El profesional más exitoso es lo que se conoce en la sicología social como el *artesano*. Este es el profesional que no solo conoce su materia a fondo, sino que comunica el valor de su trabajo de manera experta.

En los negocios, las transacciones son la parte técnica que debemos dominar; las relaciones, la parte artística que nos hace resaltar. Existen 10 puntos que debemos conocer para fortalecer nuestro nivel de competencia y movernos del conocimiento a la confianza.

1. Crear, desarrollar y alimentar las relaciones requiere que a su vez crezcamos como seres humanos. Esto debe ser un esfuerzo intencional y consistente que se monitoree con regularidad.

2. Conoce y domina los cuatro tipos de etapas en las relaciones:
    a. Cuando la gente está *consciente* de que tú existes.
    b. Cuando la gente te *conoce* personalmente.
    c. Cuando le *gustas* a la gente.
    d. Cuando la gente *confía* en ti.

3. La mayoría de los profesionales solo se enfocan en la primera etapa. El profesional que se destaca, se encarga de dominar e implementar los cuatro tipos de etapas de las relaciones.

4. La mayoría de las veces los correos electrónicos masivos causan una impresión negativa. Esta estrategia es poderosa, pero tiene que ser complementada con un esfuerzo intencional de contacto directo y genuino.

5. Las personas tienden a formar relaciones fuertes con aquellos con los que tienen contacto directo frecuentemente. Mientras más interactuemos con las personas, mayor será la confianza que exista entre las partes.

6. El que se mercadea únicamente para que lo conozcan, obtiene pocas ganancias.

7. El que se mercadea para desarrollar confianza obtiene muchas ganancias. Esto es una importante distinción.

8. Si mercadeas únicamente tu negocio y tus productos, creas un trabajo.

9. Si mercadeas tu marca, creas un negocio sustentable.

10. Creamos credibilidad, confianza y fortalecemos nuestra marca, ofreciendo valor a nuestros clientes.

Todo esfuerzo empresarial tiene que estar directamente enfocado en añadir valor. Este valor hay que cuantificarlo y asegurarse de que siempre es mayor que su costo. Las personas nunca tienen un problema de precio, sino del valor obtenido por ese precio. Si perciben que el valor recibido es mayor a lo pagado, se convertirán en clientes leales. Esta es la mejor manera de ir del conocimiento a la confianza. Por ende hay que educar al cliente o consumidor de nuestros productos o servicios. Aplicar esta información te mantendrá creciendo.

¿Cómo aplico lo aprendido?

_____

_____

_____

_____

_____

_____

_____

_____

_____

_____

_____

_____

_____

_____

La Libreta de Crecimiento

Una de las tareas más importantes como empresarios es desarrollar sistemas que solidifiquen nuestra operación del negocio. Esto es un proceso que nunca termina. Siempre habrá cosas que modificar y nuevos sistemas que implementar. Al igual que el ser humano se transforma cada día, nuestro negocio debe transformarse Una de las herramientas más poderosas que podemos utilizar es *La libreta de crecimiento*. El filósofo griego Sócrates, nos invitó a evaluar nuestra vida de manera regular. Se le atribuye haber dicho: "Una vida sin examen, no merece ser vivida".

Precisamente eso es lo que haremos con la libreta de crecimiento. Esto es sencillamente una libreta donde aplicaremos la filosofía socrática de la autoevaluación En este caso, la evaluación de nuestro negocio.

A través de nuestra vida empresarial encontramos muchos retos y dificultades. También encontramos grandes lecciones y descubrimos talentos latentes. Sin embargo, en muchas ocasiones, se nos escapa la enseñanza. Es ahí donde necesitamos utilizar nuestra *libreta de crecimiento*. Esta será tu diario de negocios. Puede también convertirse en tu mejor fuente de información para establecer y revisar los procedimientos estándares de la operación de tu empresa (SOP). Todo negocio de éxito debe estar claro en lo que son sus estándares y monitorear su cumplimiento de manera regular.

1. La descripción del negocio y la naturaleza de la transacción
Lo primero que haremos con la libreta será ubicarla en un sitio fácilmente accesible. Recuerda que la estarás utilizando con frecuencia. Luego comenzarás a documentar tus transacciones. En esta anotarás los detalles generales de la transacción.

2. Fechas importantes de la transacción
Incluirás las fechas importantes de la transacción. Todo negocio tiene ciertos términos de tiempo que son normales para su industria. El empresario exitoso monitorea estos tiempos y crea sistemas para acortar los mismos. Lograr hacer la mayor cantidad de negocios en el menor tiempo posible es un meta noble de toda empresa.

3. Retos y dificultades encontradas
Documente todos los retos y dificultades encontrados. Es aquí donde recibimos la retroalimentación para refinar nuestros sistemas y estándares operacionales. Si no hubo problema alguno, documente aquellos sistemas que están funcionando según proyectados. Es importante corroborar y validar que nuestros sistemas continúan siendo efectivos. Cuando estos cesen de serlo, tenemos que modificarlos para atemperarlos a la nueva realidad.

4. Lecciones aprendidas
Documente las lecciones aprendidas. Lecciones aprendidas pueden ser programas, productos o servicios que no conocía que existían antes de la transacción. También pueden ser personas nuevas que conocíste a través de la transacción que te pueden ayudar en el futuro.

Documente también los nombres de las personas principales involucradas en la transacción y su experiencia con ellos. Si hubo alguien con quien NO desea realizar negocios nuevamente, anótelo con la razón de su decisión y vaya afinando su negocio. Es importante que en nuestro caminar de negocios vayamos realizando transacciones más y más placenteras todo el tiempo. Esto muchas veces NO es así. Asegúrese de poco a poco modificar su negocio a su manera, a su personalidad. Hacer negocios en sus términos, siempre y cuando sea razonable.

5. Deficiencias descubiertas o evidenciadas
Anote las deficiencias descubiertas o evidenciadas durante el proceso de la transacción. Si carece de algún tipo de formulario, anótelo. Si carece de una relación cercana con un profesional que le pueda ayudar, anótelo.

Si comenzó la transacción sin firmar los acuerdos necesarios y pertinentes, cerciórese de anotar lo ocurrido y evitarlo en el futuro. Si necesita dominar una aplicación de escanear documentos con su teléfono, anótelo. Si necesita fortalecer su posición de tecnología para acelerar el proceso de cierre, anótelo. La idea es que nada le ocurra más de una vez.

6. Sistemas a implementar para corregir deficiencias
Identifique aquellos sistemas que pueda implementar y le ayuden a corregir sus deficiencias. Consulte con personas que ya dominan estas áreas y oriéntese adecuadamente para una mejor toma de decisiones. Consulte varias fuentes antes de realizar cambios grandes o invertir en equipos o servicios costosos. Es esta parte del proceso de *La libreta de crecimiento* el que hará que su negocio crezca de manera sólida.

Todos cometemos errores, todos aprendemos nuevas lecciones regularmente. Lo importante es que independientemente el error, reto o dificultad que usted enfrente, NO puede sucederle dos veces. Es ahí donde la mayoría de los profesionales desatienden su negocio. Han tenido experiencias buenas y no le sacan ventaja, han tenido experiencias malas y vuelven a caer en la misma situación posteriormente. Esto es completamente inaceptable, innecesario y puede desilusionarte, lo cual crea desánimo. El desánimo, entonces nos desenfoca de nuestras metas y nos roba la energía necesaria para avanzar con rapidez en el progreso de nuestro negocio.

Lo que aquí describimos tiene el poder de completamente transformar su negocio y hacerlo evolucionar de la manera correcta. Aplique esta técnica que aunque sencilla, es vital para su crecimiento y la duplicación de sus ingresos.

¿Cómo aplico lo aprendido?

El Proceso del Proceso

¿Qué es el crecimiento personal y profesional? ¿Cómo identifico si estoy involucrado en un plan de éxito? Primeramente, todo plan de crecimiento tiene que ser intencional y planificado Estos dos elementos son esenciales en un plan REAL de crecimiento. Por ende, si tengo que hacerme estas preguntas es muy probable que no esté participando de un plan adecuado. Es posible estar expuesto a elementos de crecimiento de manera informal, lo cual no es malo, pero esto no representa necesariamente un plan estratégico conducente al éxito. Puedo participar de seminarios, leer libros, escuchar programas de audio, conversar con personas altamente exitosas y todas estas actividades son enaltecedoras. No obstante, si deseo obtener un crecimiento consistente y rápido debo incorporar todas estas acciones de modo organizado a mi vida.

Existe una diferencia entre lo que es un evento y lo que es un proceso. Un evento es cualquier actividad que me informe, me inspire, me motive, me eduque o me ofrezca cualquier tipo de conocimiento y herramientas para mejorar mi vida. Estos pueden ser seminarios, clases, cursos, talleres, lectura de libros, conversaciones, retiros y programas de profundización en cualquier tema. Los eventos se utilizan para despertar, para concientizarnos y para tomar decisiones.

Los procesos son disciplinas adquiridas como resultado de los eventos. Es el proceso el que te crece, no el evento. Tienes que pasar por el evento para identificar cuál será el proceso, pero es el proceso el que transformará tu vida. Aprender a fijar metas se aprende en un evento, fijar las metas y revisarlas de manera regular es el proceso que te ayudará a alcanzarlas. Puedes aprender en un taller (evento) el tipo de ejercicio que tienes que realizar para mitigar tu condición de salud, incorporar el ejercicio a tu rutina de tareas diarias es el proceso que mejorará la misma.

El evento te brinda el conocimiento, las herramientas para establecer el proceso que te facilita la transformación, el crecimiento. Sin embargo, aún después de participar de los eventos correctos, algunas personas encuentran difícil crear el proceso, tomar acción. Al fin y al cabo son tus acciones diarias las que reflejan tu nivel de creencia. Puedes tener todas las herramientas del mundo y si no crees que puedes lograrlo, no llevarás a cabo las acciones necesarias para alcanzar el éxito. Pero si este es el caso, ¿cómo desarrollo la creencia necesaria para realizar las acciones necesarias?

Esto es muy similar al dilema de ¿qué vino primero, el huevo o la gallina? Es un dilema realmente sin solución, pero el nuestro sí tiene solución. La creencia se logra con la acción. Sin embargo, si para tomar acción hay que tener creencia, entonces, ¿cuál es el elemento faltante? El porqué. La razón por la cual tienes que lograr tu meta. Si no existe una razón lo suficientemente fuerte que te impulse a alcanzar tus sueños, entonces no tienes sueños, sino, meramente deseos, caprichos, antojos.

Un sueño de verdad, impulsado por una razón sólida, te hará tomar las acciones que sean para echar hacia adelante. Esto rompe la inercia que muchas veces nos detiene a tomar acción. Para identificar esa razón, el porqué de mis metas, tengo que reflexionar sobre mi vida y observar si lo que he logrado hasta el momento es lo que había pensado que lograría hasta ahora. Identificar si estoy adelantado(a) a mis objetivos, atrasado o más o menos igual a donde pensaba estar. Este tipo de reflexión debe hacerse de manera regular, no una vez al año.

Esto puede tomar varios minutos y una de las mejores maneras de reflexionar es con lápiz y papel. Escribir la manera en que me gustaría que mi vida y mi negocio se esté desarrollando en este momento y medir la diferencia entre mi realidad y mi ideal. Si la diferencia es muy marcada hacia el lado incorrecto, debemos tomar acción masiva para cerrar el margen.

Si la diferencia es muy marcada hacia el lado correcto, debo cerciorarme de que he experimentado un crecimiento personal y profesional adecuado para poder manejar esta abundancia. Precisamente esto es el problema que enfrentan aquellas personas que se ganan la lotería. El margen entre su vida ideal y su vida real se ve de repente muy marcado hacia el lado correcto, pero estos no han crecido lo suficiente como para poder manejarlo.

Pensaríamos que ganar la lotería sería un sueño, lo mejor que nos puede pasar en nuestras vidas. En realidad, si no estamos preparados para manejar esas cantidades mayores de dinero, la situación no durará mucho, independientemente de cuán grande sea la suma de dinero ganada.

Es más, mientras más grande sea la cantidad ganada, más corto el disfrute y posesión del mismo. Sin embargo, si una persona que tiene como fortuna 100 millones de dólares, se ganara 100 millones de dólares, no tendría problema alguno manejando su nueva fortuna porque ya ha aprendido a hacerlo con su fortuna anterior.

El dinero es como una pesa, para poder manejarlo tienes que haber desarrollado la fuerza y la capacidad equivalente a su monto. No puedes levantar 300 libras, si no has ido poco a poco levantando pesos menores hasta desarrollar tu capacidad para levantar 300 libras. Por lo tanto si de repente tienes que levantar 300 libras sin estar preparado, puedes quebrarte. Lo mismo ocurre con el dinero. Puedes terminar quebrado.

Podemos fácilmente ver la importancia del proceso. Este es cómo levantar pesas todos los días. Decidimos incursionar en el proceso como resultado de ciertos conocimientos e información adquiridos. Reflexionamos sobre nuestra vida y nos ubicamos dentro de nuestra situación real y esto nos facilita la motivación, inspiración y razón (el porqué) para tomar acción hasta que la misma acción finalmente engrana todo el proceso de crecimiento y logro de nuestra metas.

Todo comienza con el evento, se desarrolla con el proceso y culmina en una vida llena de logros y satisfacción. No es fácil y es por esto que tiene que ser planificado e implementado intencionalmente. Dedíquese regularmente a monitorear su vida, incrementar su exposición a eventos y darle seguimiento a lo aprendido a través del proceso, la acción, las disciplinas. Resultados positivos son inevitables si se sigue este modelo de vida.

¿Cómo aplico lo aprendido?

Ahí Está el Detalle

La mayoría de las personas vive su vida al azar. Sin un plan bien definido y estructurado. Hasta que llega a sus vidas la inquietud del crecimiento personal. Muchas veces esto es motivado por un sentimiento de estancamiento profesional. Otras veces es el resultado de un encuentro inesperado con personas y/o industrias que fomentan el desarrollo y crecimiento personal y profesional. Entonces, descubren herramientas poderosas que tienen el poder de transformar sus vidas de manera permanente.

Al principio aparenta ser que la información y los recursos para el crecimiento son abrumadores. Esto es el resultado de la falta de costumbre y parte del proceso de cambio en nuestras vidas. Es perfectamente normal. No obstante, en un período relativamente corto de tiempo comienzas a internalizar esta nueva rutina.

Pronto descubres que hay muchas cosas que debes realizar para avanzar hacia tus metas y objetivos. Sin embargo, es menester identificar a tiempo qué es lo más importante que debes hacer. ¿Dónde está el mayor rendimiento en la inversión de tu tiempo?, lo que NO es delegable. En otras palabras, lo que te toca a ti y a nadie más que a ti. Ahí está el detalle. Eso es precisamente lo que debes estar haciendo para acelerar el crecimiento de tu negocio.

Identificar el elemento más importante no es tarea fácil. Muchas veces hacemos aquello que nos gusta, aunque esas tareas no sean necesariamente las de mayor valor de nuestra parte. Si lo que te gusta es lo que más produce, entonces se te hará muy fácil crecer tu negocio. Si lo que te gusta, NO es lo que más produce, debes delegar la tarea de inmediato. Si te gusta tanto, lo puedes realizar en tu tiempo libre, pero para efectos del crecimiento de tu negocio, únicamente las tareas de alto rendimiento y producción son las que debes realizar. Ahí está el detalle.

A través de los exámenes de la personalidad, podrás identificar fácilmente cuáles son tus fortalezas y talentos. La mayoría de las veces tus fortalezas y talentos están atados a determinadas acciones que a su vez producen buen rendimiento y alto desempeño. Recuerda que si realizas tareas dentro de tu zona de talentos, estarás utilizando el principio de Pareto adecuadamente. Invertir la mayor parte de tu tiempo y esfuerzo en tareas de alto rendimiento.

Uno de los retos de toda persona es que con el desuso de sus destrezas y habilidades al máximo, estas tienden a disminuir hasta que poco a poco pierden grandemente su efectividad. Hay que retomar la energía necesaria para despuntar nuevamente en nuestras vidas y apuntar exactamente en la dirección hacia la que queremos. El esfuerzo tiene que estar dirigido principalmente a aquellas acciones que tienen el potencial de acortar el tiempo necesario para lograr nuestros objetivos.

A veces ayuda deshacernos totalmente de rutinas pasadas e intentar mirar el futuro con ojos nuevos con la intención claramente identificada. Tenemos que ser capaces de enunciar con una sola palabra aquello que representa nuestra prioridad. Cabe mencionar que esta prioridad cambiará durante nuestro camino, pero todo momento, todo período debe tener un enfoque en particular y ese enfoque tiene que estar claro. Si no está claro, por ende, no está enfocado.

No te detengas en la persecución de tus sueños y la aplicación del detalle más importante para alcanzar tus metas y objetivos. Mira a tu alrededor e identifica quiénes son aquellas personas que tienen éxito en el campo en el que tú deseas desarrollarte. Pregunta cuáles son sus rutinas diarias, cuáles son los libros que leen, cuáles son las tareas más importantes en la persecución de sus metas.

Puedes encontrar tu fórmula de éxito observando la fórmula de éxito de aquellos que han llegado. Esto no significa copiarse de los demás, sino incorporar principios universales del éxito. Nadie tiene un monopolio en el éxito. Está al alcance de todos. No obstante, muchas veces nos distraemos demasiado hasta el punto en que olvidamos o descuidamos las tareas esenciales que sí repercutirán en logros extraordinarios y éxito masivo.

En muchas ocasiones el éxito toma tiempo en llegar, pero cuando llega, llega con fuerza y es vital que estemos preparados para manejarlo. Es por eso que tenemos que prepararnos mental y operacionalmente para cuando comencemos a tener gran abundancia, no nos ahogue y no nos encuentre desprovistos de las herramientas y sistemas necesarios para manejarlo.

A veces tendrás que probar varias acciones hasta que determines cuáles son las que te ofrecen el mejor rendimiento en tu tiempo y esfuerzo. No obstante, debes identificar estas lo antes posible. Luego, enfocarte y dedicarte a realizar estas tareas hasta que se materialicen los resultados que deseas. Recuerda que eventualmente tendrás que modificar estas acciones, sin embargo el tiempo te irá guiando y te señalará el camino a recorrer. Tienes que confiar en tu intuición, pero monitorear tus resultados.

Cuando te enfocas en las acciones y tareas de éxito como si nada más existiera en tu vida, comienzas a ver resultados, luego vas modificando las mismas hasta que vas creando tu vida y tu negocio como si estuvieras moldeando un pedazo de plasticina. Finalmente terminarás con una obra de arte y lo mejor de todo es que cuando todo este proceso termine, sabrás exactamente cómo reproducir estos resultados una y otra vez. Comienza hoy mismo a identificar cuál es tu tarea del momento, comienza hoy mismo a crear tu futuro. Los resultados no tardarán en materializarse. ¡Ahí está el detalle!

¿Cómo aplico lo aprendido?

_____

_____

_____

_____

_____

_____

_____

_____

_____

_____

_____

_____

_____

El Cuarto de los Sueños

Toda persona de éxito tiene un lugar específico donde realiza la mayor parte de su trabajo mental. Leer, estudiar, reflexionar sobre su vida y negocio, fijar metas, revisar sus metas, planificar su futuro, escribir en su diario, organizar sus finanzas, autoevaluarse y toda tarea de importancia. Esto es lo que llamamos *El Cuarto de los Sueños*. El mismo puede ser cualquier espacio en el cual usted se sienta cómodo y que pueda utilizar con frecuencia. Para muchas personas este espacio es la oficina de su casa o un cuarto dedicado a tareas personales y profesionales.

Los seres humanos somos animales de costumbre. Nuestro cuerpo y mente se acostumbran a diferentes actividades, disciplinas y eventos y las asocia con su entorno. Una de las ventajas de tener un cuarto de sueños es que una vez entramos en el mismo, nuestro ser se sintoniza y sincroniza inmediatamente, facilitándole la oportunidad de maximizar su tiempo. Muchos hemos experimentado la sensación de desear hacer algo una vez estamos en un lugar en particular. Esto es precisamente lo que hace *El Cuarto de los Sueños*. Aunque usted no haga muchos ejercicios, si visita un gimnasio, es probable que se sienta con deseos de hacer ejercicios. Esto ocurre porque la energía del gimnasio lo rodea y estimula su deseo de ejercitarse. Si al visitar una universidad de repente le dan deseos de volver a estudiar, es porque el ambiente y su energía educativa le rodea y estimula sus deseos de estudiar. De igual manera, cuando estamos en una biblioteca o una librería nos sentimos más inteligentes. Todo esto se debe a que cuando entramos en un lugar nos impregnamos con su energía.

Esta energía es la que queremos crear en nuestro cuarto de los sueños. En realidad no es un cuarto de sueños, sino un cuarto de realidad. Vivimos nuestra vida al revés. Aquello que es nuestra vida, es el sueño; lo que planificamos, lo que anhelamos es nuestra realidad. Nuestra vida muchas veces está nublada por los efectos de la sociedad y actitudes absorbidas a través de los años. Nuestra vida no es nuestra realidad, sino la realidad de otros reflejada en nosotros.

El Cuarto de los Sueños es donde enfrentarás este fenómeno y comenzarás a manifestar tu vida a tu manera, con una conciencia superior de lo que en realidad es posible para ti como ser humano. Entender que no existen limitaciones excepto aquellas autoimpuestas te ayudará a liberarte del exceso de equipaje del cual todos somos sujeto. Esto es lo que ocurre en *El Cuarto de los Sueños*.

El Cuarto de los Sueños es el lugar que tú frecuentas cuando quieres y tienes que regalarte tiempo personal. Es imposible crecer en la vida sin pausar frecuentemente y reflexionar sobre la misma. No hace falta integrarse a un monasterio alejado de la sociedad, pero sí es menester tener un lugar al cual llamar *El Cuarto de los Sueños*. Tal vez el nombre que le asignes sea diferente, pero la idea tiene que ser la misma. Este cuarto, el cual puede ser una esquina en tu cuarto de dormitorio, se convierte en tu lugar sagrado donde organizas tu vida y ordenas tu crecimiento.

Todos hemos tenido un lugar así aunque no necesariamente lo llamemos por un nombre en particular. Es una necesidad humana, es nato en nuestro ser. Lo que aquí enunciamos, lo hacemos para crear intencionalmente conciencia de la necesidad urgente de tener tu lugar de respiro, tu lugar de relajación, tu lugar de descanso, tu lugar de estudio, tu lugar de crecimiento, tu lugar de oración, tu lugar de encontrarte contigo mismo. Donde quiera que sea ese lugar, ese es tu cuarto de los sueños.

El Cuarto de los Sueños debe tener herramientas disponibles para tu uso. Estas herramientas pueden ser libros, libretas, lápiz, papel, marcadores, revistas inspiradoras, muebles cómodos, pero no tan cómodos que te hagan dormir. También debería decorarse con premios que has recibido, certificados importantes, fotos y recuerdos de momentos de logros y éxitos, al igual que obras de arte que te inspiren o frases enaltecedoras. Además, debería estar equipado con algún tipo de reproductor de música y una selección de música inspiradora. Recuerda, este es tu templo personal.

En *El Cuarto de los Sueños* debes evitar tener un televisor, periódicos, computadoras y sobre todo minimizar la cantidad de artefactos electrónicos disponibles (excepto por el reproductor de música). Sería beneficioso tener algún tipo de vista al exterior que sea relajante. De no tener una vista agradable, instala cortinas que te ofrezcan privacidad.

El otro elemento importante es tratar, dentro de lo más práctico posible, de frecuentar tu cuarto de los sueños en un horario consistente. Esto ayudará a fortalecer tu disciplina de utilizar tu cuarto de los sueños. Al principio tienes que esforzarte hasta lograr una disciplina regular, luego, la disciplina creada se encargará de apoyarte en tu esfuerzo. Es como una cuenta de banco, al principio te esfuerzas trabajando hasta que tienes suficientes ahorros, luego los ahorros te ayudan a adquirir aquellas cosas que deseas.

Todos necesitamos tener un lugar donde pausar. Identifica hoy mismo lo que será el cuarto de tus sueños. Comienza a equiparlo de manera sencilla pero con aquellos elementos que lo hagan tuyo. Si compartes *El Cuarto de los Sueños* con otra persona, identifica un horario en particular donde puedas estar a solas. El cuarto puede ser compartido, pero el tiempo invertido en el mismo debe ser solo tuyo. Recuerda que toda grandeza exterior comienza en tu interior. *El Cuarto de los Sueños* es el lugar donde siembras aquellas semillas de grandeza que se convertirán en tu legado. Haz de esta práctica una regular y rápidamente comenzarás a observar cómo evoluciona tu vida en la dirección de tus metas y objetivos. Serás testigo del poder inherente que reside en esta práctica tan sencilla.

No confundas la sencillez de este proceso con algo irrisorio o insignificante. La majestuosidad de la vida se encuentra en las cosas sencillas. Somos nosotros los humanos los que nos hemos dado a la tarea de complicar nuestra existencia y asimismo reducir aquellas prácticas y disciplinas que realmente añaden valor a nuestras vidas. Toma la decisión hoy de encaminar tu vida por senderos conducentes al éxito y pausar adecuadamente para revisar tu progreso. Solo de esta manera lograrás maximizar tu tiempo y minimizar el esfuerzo requerido para alcanzar tus metas.

¿Cómo aplico lo aprendido?

_____

_____

_____

_____

_____

_____

_____

_____

_____

_____

_____

_____

_____

La Batalla de la Mente

Todas las batallas de la vida son batallas de la mente. Los retos, dificultades, oportunidades y éxitos de la vida son un reflejo directo de nuestra habilidad para manejar nuestra batalla mental. Los seres humanos y en realidad todo lo que existe está en un proceso constante de evolución. Lo mejor que podemos hacer es reconocer que esta es la manera en que operamos y decidir cooperar con nuestra propia evolución. Desde que nacemos hasta que morimos evolucionamos. Esto es un proceso natural. Pero podemos tomar parte consciente de nuestra evolución y controlar más eficientemente nuestra vida a la vez que dirigimos la misma hacia nuestros objetivos futuros. Es como un barco en el mar. Si se deja a la deriva, no se sabe a donde nos llevará, pero si controlamos el timón podemos dirigirlo hacia dónde deseemos, sin importar en qué dirección sople el viento.

Precisamente esa es una de las partes más interesantes de navegar un velero. Uno nunca conoce en qué dirección el viento estará soplando cuando entramos en alta mar. En realidad no importa porque nuestra habilidad radica en manejar las velas de manera tal que utilicen el viento (en cualquiera que sea su dirección) para llegar a nuestro destino. La batalla del marinero radica en utilizar las velas para navegar su velero. Nuestra batalla radica en utilizar nuestra mente para dirigir nuestra vida.

Un buen ejercicio que debemos practicar de manera regular es visualizarnos hacia el futuro y ver nuestra vida en su totalidad.

Para hacer esto adecuadamente primero tenemos que recordar nuestro pasado. Evaluar cada etapa para identificar la proporción de nuestra evolución. Por ejemplo, recuerda lo más que puedas sobre el tipo de persona que eras cuando estabas en la escuela superior.

¿Cómo era tu personalidad?
¿Cuán comprometido estabas con tu futuro?
¿Cuáles eran tus tareas favoritas?
¿Cuántos eran tus ahorros?
¿Cómo manejabas tus situaciones personales?
¿Cuántas amistades tenías?
¿Cómo te veían los demás?
¿Cómo te divertías?
¿Cuál era tu pasatiempo favorito?
¿Cómo te alimentabas?
¿Qué cosas te gustaban?
¿Qué cosas NO te gustaban?
¿Cómo era tu condición física?
¿Cuán profundas eran tus disciplinas espirituales?
¿Cuál era el estado de tu salud?
¿Cuánto estudiabas en temas extracurriculares de tu interés?

Estas preguntas son un buen comienzo para establecer el nivel de evolución que tenías en ese momento. Procede, entonces, a contestar las mismas preguntas para el período de tu vida donde ya estabas trabajando de manera permanente y tu vida adulta comenzaba a tomar forma. Luego, contesta las mismas preguntas para el momento actual. Compara las respuestas y lograrás identificar con bastante precisión el nivel de tu evolución hasta el presente.

Nuestra mente controla nuestras vidas. Sin embargo, es la sociedad, la iglesia, el gobierno, la familia, los medios y nuestro entorno quienes controlan nuestra mente. Tenemos muchas veces que desaprender aquello que nos atrasa y buscar de manera intencional aquellas cosas que sí tienen el potencial de mejorar nuestras vidas y dirigir su curso hacia la obtención de nuestros más sinceros deseos. Tengamos en cuenta que cuando hablamos, cuando actuamos y cuando tomamos decisiones, muchas veces lo que estamos haciendo es reaccionar de la misma manera que aprendimos de un tercero. Aún cuando pensamos que estamos pensando, es probable que estemos emulando alguna de las personas que tuvo gran influencia en nuestra vida. Todo esto sin tener el más mínimo indicador de que estamos reaccionando de manera automática.

Requiere mucho esfuerzo, estudio y aplicación moldear nuestra opinión, libre en parte, de la opinión de los demás. Nunca podremos aislar en su totalidad la gran influencia que recibimos, pero sí podemos adoptar una actitud de mente abierta dispuesta a aceptar que algunas de las cosas que consideramos correctas, son incorrectas y que algunas de las cosas que consideramos incorrectas son correctas. Tenemos que asumir una actitud de cuestionarlo todo, independientemente de la fuente.

Este mismo tema que estamos discutiendo aquí tiene que ser cuestionado. Usted no puede tomarlo por hecho. Tiene que estudiarlo detenidamente y luego buscar información adicional y complementaria que le ayude a formar su opinión sobre el mismo. Mientras más información obtenga y estudie, mientras más comparta esta enseñanza con otros y la discuta, mayor su nivel de crecimiento y mejor su entendimiento y capacidad para tomar buenas decisiones.

Esto es la batalla de la mente. Conocer no es suficiente. El conocimiento no tiene la fuerza para derrotar los muchos años de opiniones y actitudes adquiridos que hasta hoy han moldeado su vida. Una buena prueba de que el conocimiento no tiene mucho poder sin un cambio real en la motivación de nuestra mente son los fumadores. Todo fumador conoce que fumar es muy dañino para la salud. Esto no es un secreto.

No obstante, el alivio y la satisfacción temporera que ofrece el fumar le gana la batalla a la mente que conoce que no debería hacerlo. Lo mismo ocurre con la comida. Todos conocen que algunas comidas tienen un contenido de grasas dañinas muy alto. Sin embargo, al momento de comer, nuestro historial de vida le gana la batalla a la mente que tiene todo el conocimiento práctico y preciso de cómo esas comidas afectan de manera negativa nuestra salud y sus posibles implicaciones en la duración de nuestra vida.

De igual manera, todos conocemos lo que tenemos que hacer para crear abundancia y crecimiento en nuestro negocio. No obstante, en ocasiones, hacemos caso omiso de estas acciones que conocemos nos llevarán a lograr nuestros objetivos, que a su vez crearán una mejor condición de vida en nuestro núcleo familiar. Nos saboteamos sin saber por qué. En otras palabras, perdemos la batalla de la mente.

Este proceso de autodestrucción lo podemos revertir. Aunque hayamos perdido algunas batallas, todavía podemos ganar la guerra. La manera más rápida y segura de tomar control sobre nuestra vida es la creación y utilización de sistemas de éxito. Los sistemas son la clave del éxito aún cuando carecemos de experiencias pasadas que validen nuestra capacidad de tener el éxito deseado de manera consistente. Es por eso que los negocios de franquicias utilizan muchos sistemas. El 95% de todos los negocios nuevos fracasa en sus primeros cinco (5) años mientras que el 95% de todas las franquicias tiene éxito.

Cuando estas fracasan es porque sus dueños comienzan a cambiar aquellos sistemas que ya han probado ser exitosos. Cabe mencionar que las mejores franquicias NO toleran a los dueños que intentan cambiar estos sistemas y le quitan estas franquicias, según acordado en sus contratos. Si usted desea tener éxito en abundancia en su vida y su negocio, necesita implantar sistemas que lo lleven al mismo y ser estricto con la implementación de los mismos.

La ventaja de operar un negocio con sistemas es que le permite llevar una rutina diaria fácil de seguir. Únicamente, implemente lo acordado en el sistema y los resultados se encargarán por sí solos. Recuerde seguir el sistema al pie de la letra y sin atajos. El esfuerzo intermitente produce resultados intermitentes. Lo que usted desea es controlar su vida y su negocio. Para lograr este control tiene que adherirse al sistema de éxito establecido.

Es vital conocer que los sistemas tienen que monitorearse para realizar ajustes por el camino. Esto no significa que ajusto el sistema sin haberlo probado por completo durante un tiempo razonable. Algunas personas quieren ajustar el sistema a su estilo sin haber probado el sistema completo. El problema con esto es que la mayoría de las veces, su estilo no es un sistema ni se ha probado su efectividad. Es meramente una preferencia. Una preferencia puede llevarte a destruir el sistema probado.

Un claro ejemplo de esto son las personas que compran carros nuevos y lo primero que hacen es cambiarle el tamaño de sus gomas, bajar el sistema de suspensión y tal vez hasta instalarle equipos de audio que ocupan todo el baúl del carro. Parece absurdo que alguien voluntariamente modifique un auto completamente nuevo. El resultado es la reducción de la funcionalidad del mismo. Lo importante en este ejemplo es identificar por qué la persona ha hecho esto.

Puede imaginarse que esta persona tiene gran influencia de su entorno. Un grupo de personas de influencia que evidentemente controla las acciones y el pensamiento del individuo. Lo mismo nos ocurre a nosotros de forma que tal vez no sea tan obvia. Es por eso que si en realidad deseamos seguir el camino hacia el éxito debemos identificar los sistemas adecuados, implantarlos y solo de esta manera ganaremos la batalla de la mente.

Todos Somos Vendedores

Todos somos vendedores. Desde el doctor hasta el político que desea persuadirte con sus ideales. El éxito en las ventas se reduce en su esencia al éxito en desarrollar la habilidad del trato con la gente.

Todos podemos ser exitosos en el campo de las ventas. No obstante, muy pocos obtienen el éxito que una vez pensaron. La razón principal para no triunfar en los negocios es la falta de un sistema organizado que te guíe hasta tu meta. No es que la gente no pueda triunfar, es que no utilizan el vehículo correcto.

Comparto 10 de los elementos más importantes a dominar para garantizar el éxito en las ventas.

1. Tu Actitud
Tu actitud, más que ningún otro factor en la vida determinará tu éxito. La actitud se trabaja a través de la lectura y escuchar programas positivos de audio, inspiracionales, motivacionales, instructivos y que enaltezcan al ser humano.

2. Tus Metas
La fijación de metas cumple dos funciones importantes: ofrecerte dirección y mantenerte enfocado. Escribe tus metas y ponlas en lugares donde estén visibles y sirvan de recordatorio. Por ejemplo, en el espejo del baño, en la nevera o cerca de tu área de trabajo. Compártelas únicamente con personas que te apoyarán.

3. Tu Socialización
Identifica primero, dónde socializan tus clientes potenciales y asegúrate de visitar los mismo sitios. Ingresa en organizaciones sociales y participa de las juntas y comités de manera activa. Esto te ofrecerá la mayor exposición posible que se manifestará en referidos. Asegúrate de disfrutar todas tus actividades. Si no disfrutas las actividades o si te cuesta compartir con estos grupos, entonces has identificado a los prospectos incorrectos. El prospecto correcto y su entorno siempre aportarán a tu vida y te brindará gran satisfacción. Sé selectivo(a) con la inversión de tu tiempo y esfuerzo.

4. Tus Preguntas
Las preguntas persuasivas que hayas desarrollado para cerrar la venta tienes que saberlas de memoria. Practícalas de manera regular.

5. Tus Herramientas
Identifica aquellas herramientas que necesites para sobresalir en tu industria y asegúrate de obtenerlas y dominar su uso. Herramientas pueden ser cosas materiales al igual que conocimientos y adiestramiento especializado.

6. Tu Conocimiento
Asegúrate de exponerte a conocimientos técnicos de la industria al igual que material de crecimiento personal y profesional. Aplica lo aprendido lo antes posible para programar tu mente de manera exitosa.

7. Tu Seguimiento
Tus destrezas de seguimiento representan el 80% del éxito en las ventas. Cerciórate de que tu seguimiento sea adecuado, consistente y efectivo.

8. Tus Números
El éxito en el campo de las ventas es una tarea puramente matemática. Aún la persona más tímida puede ser altamente exitosa en el campo de las ventas si conoce sus números y desarrolla estrategias para complementar con acción su

deficiencia en personalidad. El conocimiento de la secuencia de tus números (como resultado de tus gestiones) es vital y representa una de las herramientas principales para aumentar tu producción de manera consistente en cualquier mercado.

9. Tus Prospectos

Contacto directo y frecuente con tus prospectos es la manera de alimentar la secuencia de tus números. La clave para duplicar tus ingresos es conocer exactamente la cantidad de prospectos que debes tener y luego ayudarlos a moverse a la decisión de realizar una transacción inmobiliaria.

10. Tu Compromiso

Tu compromiso es tu promesa personal con respecto a algún aspecto de tu vida. En el campo de las ventas, el compromiso tiene que ser contigo primero y segundo con la industria. Muchas personas utilizan la palabra *suerte* para referirse a la situación de otras personas. La palabra *suerte* es la excusa de los perdedores con respecto al compromiso y acción que han tomado los ganadores. Toma acción. Crea tu propia suerte.

Bono. Tu Disciplina

La disciplina es un proceso de aprendizaje a través de la repetición de manera consistente cuyo resultado es la creación de un hábito. Cuando se crea un hábito, ya no necesitamos de la disciplina. Mientras mayores sean las repeticiones, menor la necesidad de la disciplina y más rápido la obtención de tus sueños.

Los Cuatro Temperamentos de la Personalidad

La teoría de los cuatro temperamentos de la personalidad se remonta a las antiguas civilizaciones griegas y romanas. Hipócrates desarrolló la teoría de los humores del cuerpo. Humores son líquidos en el cuerpo humano. Los cuatro principales son: la sangre, la bilis amarilla, la bilis negra y la flema. La teoría indica que según sea el balance de estos cuatro humores en el cuerpo así será la salud. Si existe un desbalance marcado en los humores, distintas condiciones de salud se pueden ver afectadas. El filósofo griego Teofrasto y otros desarrollaron una relación entre los humores y la personalidad de las personas. Estas son: sanguíneas, coléricas, melancólicas y flemáticas. A continuación describiremos algunas de las características de cada uno de los temperamentos de la personalidad:

Sanguíneo
a. El levantador del ánimo en tiempos difíciles.
b. La palabra divertida cuando estamos agobiados.
c. El humor cuando estamos tristes.
d. El entusiasmo y la energía para comenzar siempre.
e. La creatividad y encanto que le da color a un día gris.
f. La ingenuidad de un niño.
g. El sanguíneo vive en las nubes.

Rubén Huertas

Melancólico

a. La intensidad para buscar los verdaderos valores de la vida.

b. El temperamento artístico para apreciar la belleza.

c. El talento para producir una gran obra de arte.

d. La capacidad para analizar y llegar a la solución correcta.

e. El perfeccionista.

f. Apasionado.

g. Todo tiene su lugar.

Colérico

a. La cabeza fría cuando otros pierden la suya.

b. La decisión clara que ilumina a otros.

c. El liderazgo poderoso para guiar a otros.

d. La audacia para arriesgarse.

e. La confianza inquebrantable.

f. La independencia para mantenerse firme ante la adversidad.

g. La persona dinámica que sueña con lo imposible.

Flemático

a. La estabilidad para no desviarse de su meta.

b. La paciencia para soportar a los provocadores.

c. La capacidad para escuchar a los demás.

d. El don de reconciliar grupos enfrentados.

e. Habilidad de vivir de tal modo que hasta sus enemigos lo aman.

f. El deseo de paz.

g. La compasión para consolar a los que sufren.

Este es uno de los modelos de personalidad más sencillos y fáciles de entender. Existen muchos otros, más elaborados. Lo importante es identificar qué sistema puede implementar en su organización para mejorar la comunicación y posicionar a su equipo de manera ganadora basado en sus fortalezas naturales. Cuando conocemos las tendencias de las diferentes personalidades y aprendemos a maximizar sus elementos característicos, capacitamos a nuestro equipo logrando alcanzar mayor satisfacción, rendimiento y productividad para la organización.

¿Cómo aplico lo aprendido?

_____

_____

_____

_____

_____

_____

_____

_____

_____

_____

_____

_____

_____

Corre la Carrera Completa

Toda la vida anhelamos alcanzar nuestros sueños. Tenemos una idea de aquello que queremos lograr. No obstante, cuando nos embarcamos en el camino hacia el éxito comenzamos a tropezar con múltiples obstáculos que muchas veces nos quitan el entusiasmo. Comenzar la carrera es fácil, terminarla requiere un espíritu indomable. Desarrollar un espíritu indomable requiere tener un gran sueño.

Todos trabajamos para un sueño, la pregunta es si estamos trabajando para nuestro sueño o el sueño de otro. Mientras más grande sea el sueño, mayor a su vez el trabajo a realizar. La vida es simplemente trabajar para un sueño, la pregunta es: ¿a quién le pertenece el sueño para el que usted trabaja?

La cantidad de esfuerzo que ejerces en tu negocio es un reflejo directo de tu autoimagen y el compromiso que tienes para con tu sueño. La buena noticia es que todos podemos aumentar nuestra autoimagen y de esta manera llegar a la meta, alcanzar nuestros sueños. Una de las primeras tareas a realizar para aumentar nuestra autoimagen es incursionar en un programa sólido de crecimiento personal y profesional. Muchas veces este tipo de programa puede ser intimidante porque nos enfrenta a la persona que somos y que no queremos reconocer. Es precisamente ahí donde debemos comenzar. Es imposible crecer en la vida y madurar como persona sin antes profundizar en nuestro interior. Debemos visitarnos por dentro antes de comenzar a viajar por fuera.

Otra de las tareas en la solidificación de nuestra autoimagen es realizar tareas importantes y completarlas. Es fácil comenzar algo, pero es vital completarlo. Completar aquello que comenzamos tiene el efecto de robustecer nuestro interior, alimenta nuestra resiliencia y fortalece nuestra autoimagen. No hay nada tan poderoso como completar lo que comenzamos. No obstante, tenemos que ser cautelosos en la toma de decisiones con respecto a aquello que queremos hacer. Si bien es importante terminar lo que comenzamos, es futil comenzar cosas que carecen de significado. Esto nos lleva a realizar una introspección antes de comenzar cualquier proyecto. Hay que cuidarse de no desperdiciar la vida haciendo cosas que en realidad no añaden mucho valor a la sociedad ni a mi familia. Estos dos son los pilares que debemos intencionalmente fortalecer. Por ejemplo, un negocio nos brinda una excelente oportunidad para mejorar nuestra familia y la sociedad al mismo tiempo. Tener un negocio es una responsabilidad muy noble.

Uno de los aspectos más importantes en nuestros negocios y nuestra vida es la capacidad para mantenerse tomando acción aún cuando los resultados toman más tiempo de lo deseado en materializarse. El maestro Brian Tracy dice en sus lecciones que cuando planificamos nuestra vida tenemos que contar con que todo tomará el doble de tiempo en conseguirse y requerirá el doble de los esfuerzos inicialmente proyectados. Es una buena regla a utilizar al momento de establecer nuestras metas.

También tenemos que apreciar la gran abundancia de la cual gozamos. En nuestro país, somos tan ricos, que somos pobres; si fuéramos pobres, seríamos más ricos. Esto es el resultado del conformismo. Nos conformamos con lo que tenemos aunque decimos que queremos más. Querer más no es malo. La ambición siempre es buena. Es la avaricia la que es mala. Ser ambicioso es una cualidad honorable. Cuando tenemos una ambición saludable, mejoramos nuestro entorno. Cuando nuestro negocio mejora, nuestra sociedad mejora. Alquien en algún sitio mejora, porque usted mejora. Cuando usted progresa, alguien progresa. Cuando se enriquece, alguien en otro lugar se enriquece. Esto es una cadena que no se puede romper. Tristemente, lo opuesto también es cierto. Cuando te estancas, alguien se estanca. Cuando te empobreces, alguien se empobrece. Cuando su negocio sufre, la sociedad sufre. Lo mejor que puedes hacer para tu familia y para la sociedad es progresar, abundar, mejorar, crecer, evolucionar y prosperar. No hacer lo que tienes que hacer para crecer y mejorar tu negocio representa una actitud egoísta, ante tu familia y ante la sociedad.

Uno de los mejores lugares del mundo para ser pobre es este país (Puerto Rico). Aquí nadie se muere de hambre. Dondequiera hay un mangó, un plátano o un racimo de guineos. Nunca hace frío, por lo menos no el tipo de frío que congela y mata. Cualquier día del año se puede dormir en la calle. Eso si no conoces los muchos albergues que te recibirían si los conocieras. Los deambulantes de Puerto Rico pertenecen a la clase alta…de los deambulantes. Tenemos que acabar con esa cultura conformista. El conformarse es un insulto al Creador. Una falta de respeto al Todopoderoso. Y con *ñe*, *ñe*, *ñe* y el *ay bendito* matamos a cualquiera. Nos quejamos de las cosas más absurdas, inventamos las excusas más vanas y nos justificamos como si estuviéramos en un tribunal y nuestra vida estuviera en juego. De esta manera no vamos a progresar.

Tenemos en nuestras manos una gran oportunidad. Es hora de que dejemos de jugar como niños y decidamos actuar como adultos y darle a nuestra vida la seriedad que merece. Nuestra razón de ser como individuos es dejar este mundo mejor que como lo encontramos, aportar a otros creando de esta manera valor añadido y llegar a tener una comunión con nosotros que nos permita ser testigos de la igualdad y la conectividad que existe entre todos los seres humanos. Son más las similitudes que las diferencias. Cuando logramos identificar esa esencia, podemos eficientemente fungir nuestra labor de vida.

Los invito a crecer, a madurar y decidir que YO SÍ voy a hacer la diferencia. Que el conformismo se acaba hoy. Que tomo control de mi vida para apoyar a aquellos que dependen de mí. La razón principal de mi decisión es el respeto a la dignidad humana. La dignidad que me merezco y la dignidad que se merecen todos a mi alrededor.

A veces hay que tomar decisiones que no tienen sentido alguno, que no tienen lógica, sin embargo, tu ser GRITA por ser escuchado y atendido. Es ahí donde hace falta la fe. Fe en el Creador y fe en ti.

Es bien fácil tomar decisiones cuando todo se ve bien. Sin embargo, escuchar al corazón cuando no existe prueba alguna que sostenga tu decisión, eso es otro cantar. Ahora mismo tú conoces lo que tienes que hacer para mejorar tu vida, para crecer, para progresar. Atrévete a dar el primer paso y completar todas sus funciones. Luego camina y dá el segundo paso, hasta completar todas sus funciones. Poco a poco decide progresar y medir tu progreso. Aunque no seas el más rápido, si sigues el sistema que ya conoces, llegarás a tu meta. Varias cosas ocurrirán. Primero, sentirás la satisfacción de haber llegado. Segundo, tu autoimagen mejorará. Tercero, gozarás de la compensación, tanto emocional como financiera que viene con tu logro. Una vez domines este proceso y tu mente se acostumbre a esta rutina es cuestión de repetir el ciclo, aumentando cada vez más la complejidad de tus metas, pero manteniéndote firme en tu progreso en la vida.

Tu negocio o carrera es la herramienta principal para alcanzar tus metas. Por lo tanto, debes conocer algunos detalles con respecto a las razones por las cuales la gente escoge hacer negocios con los demás. Solo de esta manera podrás maximizar tu tiempo y esfuerzo.

Existen tres razones principales por las cuales la gente escoge hacer negocios con usted o la empresa para la cual trabaja:

1. Percepción

La gente escoge hacer negocios con algunas compañías basado en su percepción de la persona o empresa. En este caso, el cliente potencial no tiene ni tan siquiera que conocerle para llegar hacia usted y solicitar sus productos o servicios. El trabajo de mercadeo que se ha realizado se encarga de crear una lista de clientes potenciales.

2. El panismo

Muchas personas escogen hacer negocios con aquellos que conocen. El elemento de familiaridad es el más importante al momento de escoger hacer negocios. En este ambiente, el cliente muchas veces tolera la falta de profesionalismo y organización a cambio del sentido de pertenencia a un grupo de conocidos. A la larga, esta razón siempre muere porque las personas se cansan del servicio o producto de mediocridad y comienzan a decir comentarios tales como: "Mi hijo puede hacerme el trabajo, pero yo prefiero trabajar con una persona donde no haya tanta familiaridad por las malas experiencias recibidas en el pasado.

3. La excelencia

Este es el único modelo sustentable a largo plazo. Las personas son inmunes al precio y harán lo que tengan que hacer para obtener sus productos o servicios. Cuando ofreces un producto y/o servicio de excelencia, la voz se riega y puede hasta escoger no invertir en mercadeo tradicional. Su mejor mercadeo es la calidad y excelencia de su trabajo. Cuando logra esto, la percepción es la correcta, a diferencia de la razón #1 (percepción), donde únicamente se queda en eso, percepción. Aquí con la excelencia, la percepción de excelencia y la realidad son exactamente iguales. También elimina la necesidad de panismo porque todos desean productos y servicios de excelencia. La percepción y el panismo son para aquellos que aún no han descubierto que existe una opción más poderosa; la excelencia. Si alcanzas y mantienes la excelencia dentro de tu negocio habrás logrado lo que todo empresario anhela. Un modelo sostenible de crecimiento y abundancia.

Corre la carrera completa. Si has decidido terminantemente alcanzar el mayor de los éxitos en tu vida, el éxito que el Creador ha depositado en ti, entonces comprométete contigo mismo a terminar todo lo que comienzas.

Corre la carrera de principio a fin. Aprende de los obstáculos. Estos son inevitables. Reconoce que el mayor obstáculo en la consecución de tus metas eres TÚ. Quítate de tu camino y corre hasta el final. Cuando digo "quítate de tu camino" me refiero a incursionar en el proceso de reflexión necesario para identificar aquellos hábitos o costumbres que no te ayudan, que te atrasan en el logro de tus metas y objetivos. Significa deshacerse de todo aquello que te mantiene estancado. Una vez llegues al final, habrás encontrado el éxito que deseas, pero más importante, te habrás encontrado a ti mismo. Es increíble el paralelismo que existe entre el éxito profesional y nuestra razón de ser como seres humanos.

¿Cómo aplico lo aprendido?

_____

_____

_____

_____

_____

_____

_____

_____

_____

_____

_____

_____

_____

Un Sentido de Urgencia

Todo individuo comprometido con su crecimiento personal y profesional utiliza la herramienta del sentido de urgencia a su favor. El sentido de urgencia es una actitud que nos mantiene siempre en acción. Esto no significa que actuamos con prisa ni que hacemos las cosas a la ligera sin pensar en sus consecuencias. Todo lo contrario, una persona con sentido de urgencia conoce que tiene que ser cuidadoso en la elección de sus acciones y la implementación de las mismas.

Un sentido de urgencia supone que estamos enfocados en nuestras metas y objetivos y que evitamos realizar tareas que nos alejen del éxito. El sentido de urgencia, más allá de una actitud, es un estilo de vida.

Ahora mismo puedes elegir vivir tu vida completamente enfocado en la dirección de tus metas sin que tus actividades sociales y personales se vean afectadas. Probablemente lo opuesto ocurra. Tu vida personal se organiza y eres capaz de disfrutarla a cabalidad integrando gozo y gran satisfacción a la misma.

Cuando vivimos con un sentido de urgencia, hablamos, caminamos, pensamos y hasta nos vestimos intencionalmente de manera que facilite y acelere nuestro crecimiento. El Todopoderoso nos ha dotado de capacidades infinitas. Por lo que tenemos todo lo necesario para activar contundentemente un sentido de urgencia en nuestras vidas, en nuestra carrera, en nuestro negocio, en nuestra familia.

A todos nos llega un momento donde descubrimos que hemos estado perdiendo el tiempo. Donde los recursos a nuestra disposición han sido infrautilizados. Donde la comodidad de la cual gozamos nos ha hecho inmune al deseo de superación. Donde notamos que a pesar de lo que tenemos, a pesar de lo que somos, a pesar de lo alcanzado, a pesar de los muchos años que llevamos trabajando, nos encontramos más cerca del punto de partida que del punto de llegada.

A veces pudiéramos hasta cuestionarnos si en realidad hemos partido, si hemos arrancado en nuestra carrera de vida o si meramente nos estamos paseando por la pista. Si te puedes identificar con algunas de estas aseveraciones debes saber que hoy mismo puedes cambiar el rumbo de tu vida, que hoy mismo puedes decidir comenzar. Como escribió Facundo Cabral: "Este es un nuevo día, para empezar de nuevo, para buscar al ángel, que me crece los sueños".

La vida es toda una decisión. Cuando decidimos conscientemente, nos fortalecemos; cuando NO decidimos, estamos decidiendo ser controlados. Lo que no podemos hacer es vivir bajo la ilusión de que nuestro destino está controlado por fuerzas exteriores. No en nuestra nación. Tenemos la capacidad de controlar nuestra vida, de controlar nuestro destino. Pudiera ser que tengamos que realizar algunos cambios para encaminarnos por el sendero correcto, pero si evaluamos nuestras circunstancias de manera regular, podemos realizar los ajustes necesarios para mantenernos en el camino.

Un sentido de urgencia requiere claridad de pensamiento y claridad de visión. Frecuentemente debemos revisar nuestras metas e identificar cuán cerca o cuán lejos estamos de ellas. Las metas nos ayudan a recordar aquello que nos impulsa en la vida. En ocasiones descubrirás que algunas de tus metas ya no tienen la importancia o prioridad que una vez tuvieron. Independientemente de si has logrado tus metas o no, puedes descartar aquellas que ya no son relevantes. No obstante, tienes que alimentar las que sí se mantienen vigentes y que te ayudan a clarificar tu visión y tus valores. Enfocarte en estas te ayudará a mantener un sentido de urgencia.

Otra manera de crear un sentido de urgencia es evitar distracciones cuyo efecto es opuesto a lo que buscas alcanzar. Por ejemplo, si buscas tener paz en tu vida, no deberías ver películas de guerra. Si buscas mejorar tu actitud y fortalecer tu optimismo, no deberías leer los periódicos, ni ver las noticias en la televisión. Nuestras acciones son un reflejo de nuestras creencias.

Muchas veces enunciamos algo como una expresión de nuestros deseos, pero nuestro comportamiento contradice lo que hemos dicho. A la hora de evaluar a una persona, son sus acciones las que debemos observar, no sus palabras las que debemos escuchar. Observa tu comportamiento, observa tus acciones y comenzarás a conocer las creencias que están realmente arraigadas en lo más profundo de tu corazón.

Una vez decides vivir con un sentido de urgencia, tres cosas ocurren. Primero, te das cuenta de que hasta ahora has perdido mucho tiempo. Segundo, como resultado de la anterior, comienzas a tomar acción masiva para intentar empatar con el tiempo que has desperdiciado. Tercero, tus metas se acercan y las puedes ver mucho más claras. Esto es así porque cuando una persona toma una decisión profunda, la misma decisión crea claridad de pensamiento.

Alguna vez en tu vida tienes que haber tomado una decisión profunda. Puede haber sido decidir estudiar en la universidad cuando no tenías ni tan siquiera el dinero para pagarla, pero lo hiciste. Puede haber sido mudarte a otra ciudad cuando no conocías a nadie y tal vez ni tan siquiera habías visitado esa ciudad anteriormente, pero lo hiciste. Puede haber sido unirte a alguien que amabas aún en contra de los consejos de tu familia y todo resultó bien, lo hiciste. Puede haber sido comprar un auto sin saber exactamente cómo lo ibas a pagar, pero lo hiciste. Puede haber sido formar parte de algún equipo deportivo conociendo que tenías una condición física limitante, pero lo hiciste.

Son muchas las cosas que en algún momento de nuestra vida hemos realizado actuando enteramente por fe. Lo hiciste. Probablemente la mayoría de estas cosas las realizaste a una temprana edad. Dicen que la ignorancia es atrevida. No creo que es ignorancia; creo que es, que mientras más jóvenes somos, más puro es nuestro corazón.

Un corazón puro nos mantiene más cerca del Creador y esta cercanía nos baña con una actitud indomable. Somos más atrevidos porque nos sentimos seguros, nos sentimos protegidos. Con el pasar del tiempo y con los múltiples golpes de la vida comenzamos a ser más cautelosos con nuestras acciones. Hasta cierto punto está bien.

No obstante, debemos observar que con el pasar del tiempo también tenemos más experiencia, más conocimiento y mejor capacidad para tomar decisiones. Por lo tanto, debemos evitar que los golpes que hemos recibido rijan mis decisiones de acción para perfeccionar mi futuro.

Cuando el temor se apodera de nosotros es principalmente porque NO hemos evaluado el golpe recibido e identificado maneras de evitar que vuelva a ocurrir. Propongo que analicemos y evaluemos todo lo que nos ocurre en nuestra vida. De manera reflexiva nos capacitaremos para ejercer mayor poder al momento de tomar decisiones.

Esto es lo que un profesional desarrollado hace para facilitar vivir con un sentido de urgencia. Sin ataduras, sin temores, sin preocupaciones pero sin pausa. Tienes todo lo necesario para organizar tu vida. Tienes todo lo necesario para crecer en tu vida. Tienes todo lo necesario para alcanzar tus metas.

Está en ti adoptar el estilo de vida que incorpora un sentido de urgencia. Este va atado a una vida con un propósito claro y bien definido. Incorpora las herramientas de crecimiento que ya tienes, decide vivir al máximo, establece puntos de monitoreo donde evalúes tu progreso y notarás que tu vida se transforma de la noche a la mañana. Tú puedes, pero mucho más importante, tú debes.

¿Cómo aplico lo aprendido?

El Llanero Solitario

Si quieres caminar rápido, ve solo; si quieres llegar lejos ve acompañado. Si lo que has logrado en la vida, lo has logrado solo, no has logrado mucho. Nadie puede tanto como todos juntos. Muchas personas, particularmente aquellas altamente talentosas piensan que pueden lograr lo que desean sin un equipo de apoyo. Genuinamente, pero de manera equivocada, piensan que trabajan mejor solos. Sufren de lo que llamamos el *síndrome del llanero solitario*.

Estas personas trabajan con la mejor de las intenciones, pero desconocen o descuidan el principio universal de la mente colectiva. Los humanos somos ciegos a muchas de nuestras áreas de debilidad. Se requiere de una persona sincera y dispuesta a decirnos la verdad para crecer en nuestras vidas. A veces, nuestra área de mayor debilidad puede ser corregida de forma rápida y permanente, pero hace falta un valiente que nos comunique lo que es, que nos abra los ojos a esa realidad. Se requiere también ser una persona de mente abierta y con humildad e inteligencia emocional, dispuesta a recibir retroalimentación positiva.

El llanero solitario es aquella persona que lo tiene que hacer todo. Piensa que su manera de pensar es la manera de pensar del universo. Muchas veces su tipo de personalidad es una mezcla de colérico y melancólico. Existen excepciones, sin embargo, por lo menos encontraremos algunos rasgos definitivos de estas personalidades en el *Llanero Solitario*.

Irónicamente, mientras más talento, conocimiento y recursos tenga una persona con el *síndrome del llanero solitario*, mayor su dificultad para aceptar que necesita un equipo de apoyo. Existen empresarios muy exitosos económicamente hablando, que no han logrado crear un equipo de poder, a pesar de que tienen miles de empleados a su disposición. El resultado de esto es una vida desperdiciada sin ningún tipo de legado.

Como líderes, la primera tarea a realizar es influenciarnos, para que de esta manera podamos influenciar a los demás. Influenciarnos significa desarrollar las disciplinas necesarias para alcanzar nuestros objetivos. Si no podemos influenciarnos, no podemos razonablemente esperar influenciar a los demás. Liderazgo en su más pura esencia es influencia. Siempre comienza con nosotros y una vez es efectiva, se desborda hacia los demás.

No podemos operar contrario a las leyes universales. Todo crecimiento, todo desarrollo, independientemente de su disciplina, tiene que ser orgánico. De otra manera, no será permanente, ni tampoco eficiente. Los problemas que vemos en la sociedad, en el gobierno, en la iglesia o en la familia surgen precisamente como resultado de intentar este proceso a la inversa.

Queremos controlar a los demás, sin saber controlarnos a nosotros. Queremos influenciar a los demás, sin tener las disciplinas necesarias para influenciarnos a nosotros. Queremos que los demás hagan las cosas exactamente como nosotros queremos, sin identificar si esta es en realidad la mejor forma de hacerlo. Queremos que respeten nuestras ideas, sin tan siquiera considerar las ideas de los demás. Como verán, este proceso no puede ser exitoso, ya que violenta todas las leyes universales de orden y conducta humana.

Lo mejor que podemos hacer para evitar el *síndrome del llanero solitario* es de modo intencional y consciente dedicarnos a la reflexión, contemplación, meditación y observación de nuestra vida de manera regular. No obstante, su importancia es magnánima y por eso es menester repetirla con frecuencia. Es similar al concepto de *la repetición espaciada*. Para internalizar de manera efectiva un nuevo concepto o idea, debemos exponernos al mismo repetidas veces con intervalos de descanso entre estas repeticiones. Evitamos así aburrirnos con el tema y le permitimos a la mente asimilar estos nuevos conceptos a su ritmo. Es por eso que los seminarios en raras ocasiones son efectivos.

Los seminarios, al igual que las charlas, son eventos en los que nos exponemos a información una sola vez. Esta información, experiencias y conocimientos, si bien pudieran ser muy buenos, son imposibles de internalizar sin un seguimiento de parte del participante después del mismo. La realidad es que son muy pocas las personas que dedican tiempo después de un seminario para repasar y estudiar lo expuesto en el seminario. Por esta razón, los talleres son mucho más efectivos.

Un taller es un evento donde nos exponemos al material durante varias sesiones. Básicamente, el formato de taller nos rescata de nuestras pobres disciplinas de manera organizada y estructurada. El formato de taller incorpora en su sistema el concepto de repetición espaciada. No obstante, al *llanero solitario* no le gustan los talleres, prefiere los seminarios, ya que estos exigen un compromiso grupal menor.

La razón de ser de la educación, la razón de ser del conocimiento, es la acción y el desempeño. No tiene sentido que continúe adquiriendo conocimientos, que continúe participando de programas enaltecedores y que mi producción no se duplique. Hay algo fundamentalmente errado en esto y eso es lo que tenemos que corregir. Debemos incorporar a nuestra vida el mantra de la producción que dice: *un, dos, tres* y *reflexiona*. Ese es el mantra que tenemos que vivir.

La filosofía del llanero solitario es hacer lo que haya que hacer y reparar los problemas y situaciones que se nos presentan. El Llanero Solitario tiene un asistente, Tonto o Toro en Hispanoamérica, pero no se nutre de otras personas que pudieran facilitar su crecimiento y desempeño. Inherentemente, su intención es muy noble y debe ser avalada. No obstante, para tener éxito en la vida real y no en cuentos de radio, televisión y cine, necesitamos un equipo de apoyo que nos permita maximizar nuestras talentos.

Se requiere de una actitud humilde para evaluarnos objetivamente e identificar cuáles son nuestras fortalezas. También, admitir que aunque pensamos que lo sabemos todo, en realidad hay muchas áreas en las que necesitamos apoyo. Son estas áreas las que tenemos que fortalecer mediante la inclusión en nuestros negocios de recursos que complementen nuestra operación.

Una de las tareas más retantes es desarrollar la sabiduría para reclutar a personas que son superiores a nosotros. La tendencia natural del ser humano es reclutar a personas que son inferiores en talentos y destrezas para que de esta forma podamos mantener control. Por lo menos, eso es lo que pensamos. Todo lo contrario ocurre, perdemos control cuando reclutamos talentos y destrezas inferiores.

Una de las preocupaciones más comunes al reclutar a personas con talentos superiores es perderlos después de corto tiempo con nosotros. Es una preocupación genuina. Sin embargo, la pregunta a hacerse es la siguiente: ¿prefiere tener a alguien competente que eventualmente se vaya de su empresa o a alguien incompetente que se quede toda la vida? La pregunta claramente nos presenta la respuesta.

La tarea que en realidad tenemos que hacer es la de añadir el mayor valor posible a aquellas personas en nuestro equipo. Es trabajar conscientemente y de manera genuina para mejorar a los demás. Cuando mejoramos a los demás, estos permanecen con nosotros por mucho más tiempo. Si en algún momento estas personas no formaran parte de nuestro equipo interno de trabajo, ciertamente serán parte de nuestro equipo externo de trabajo.

Cada día más las personas y las empresas se nutren de recursos variados que no necesariamente tienen que formar parte integral de nuestro equipo. Es por eso que debemos implementar la filosofía de liderazgo servidor y dedicar todos nuestros esfuerzos por añadir valor a los demás, a nuestro equipo de trabajo, a nuestros suplidores, a nuestros clientes, a nuestros prospectos, a nuestros colegas, a nuestros familiares, a todas las personas e instituciones que lleguen a nuestra vida.

La filosofía de liderazgo servidor no excluye a nadie ni a nada. Incorpora las buenas intenciones del llanero solitario enfrascadas en la filosofía de liderazgo servidor con la ayuda y el apoyo de tu círculo de influencia y te sorprenderás la rapidez con la que tu negocio crece. Una vez logrado esto, la abundancia y el orden se harán parte de tu vida de manera natural.

La Bestia y El Ángel

Imaginemos por un momento que dentro de nosotros existen dos criaturas: una bestia y un ángel. La bestia es la parte de ti que controla los apetitos, la avaricia, y los deseos materiales. El ángel es la criatura que conoce exactamente qué hacer y reconoce la diferencia entre lo bueno y lo malo. La bestia siempre desea gratificación inmediata.

El ángel conoce que lo correcto, por lo general, toma tiempo en materializarse. Al ángel le gusta la idea de estar físicamente en forma, la bestia prefiere comer hasta saciarse y vivir una vida fácil, sedentaria y sin la necesidad de llevar una rutina de ejercicios. La mayoría de las veces, el ángel es opacado por la bestia. La bestia, simplemente, es mucho más fuerte que el ángel.

Cuando la bestia desea comprar algo, termina consiguiendo lo que desea, aunque no tenga el dinero para hacerlo y tenga que incurrir en deudas. El ángel espera pacientemente en lo que el panorama económico mejora para efectuar sus compras prudentemente. El ángel ya aprendió su lección de vida y carece de deseo alguno de impresionar a los demás. Su enfoque es en solidificar su posición económica a través de disciplinas personales y estrategias de inversión sabias y conservadoras.

La bestia está muy comprometida con tu apariencia exterior. El ángel está comprometido con tu crecimiento personal y tu paz interior. A la bestia le gusta tomar siempre los atajos. El ángel sigue el camino correcto, aunque este sea un poco más largo. La bestia lleva por dentro un vacío imposible de llenar. Es por eso que no importa lo que compre, lo que coma o lo que logre, siempre desea obtener más. Es como un barril sin fondo. El ángel vive en un estado de satisfacción y calma. Cuando obtiene lo que desea, su estado de tranquilidad y certeza se solidifica, pero sin experimentar altas y bajas, como lo hace la bestia.

La vida de la bestia es como una montaña rusa, cargada de emociones, ánimos y desánimos. La vida del ángel es estable y desde el exterior pudiera parecer que las personas que han logrado mantener a su ángel en control, son personas aburridas. Cuando la bestia domina tu ser, aparentas ser una persona muy divertida. Sorprendentemente, el vacío que experimenta la bestia, se manifiesta de manera activa en el exterior.

Anteriormente mencioné que la bestia es más fuerte que el ángel. Lo que no mencioné es que el vacío que la bestia lleva por dentro se convierte regularmente en debilidad. Aunque el ángel no es tan fuerte, su fuerza es consistente y en los momentos en que la bestia sufre de debilidad, el ángel se mantiene firme en su esfuerzo.

Cuando el ángel domina a la bestia, su fuerza crece y poco a poco el ángel se va fortaleciendo consistentemente sin tener que retroceder en su posición como lo hace la bestia. Pudiéramos decir que la fortaleza del ángel es orgánica y la fuerza de la bestia es artificial.

Conocer estos conceptos es importante porque cuando dominamos a nivel consciente la dinámica que opera en nuestra mente, podemos tomar decisiones que nos apoyen en el logro de tus metas. Es como saber exactamente dónde están los orificios en la carretera de camino hacia tu hogar. Es mucho más difícil caer en los mismos si conoces su localización. De igual manera tenemos que conocer lo que va a ocurrir en nuestra mente antes de que ocurra y utilizar el concepto de *decisiones de antemano* para evitar que estas decisiones y sus acciones correspondientes trabajen de manera contraria a nuestros deseos.

El concepto de *decisiones de antemano* implica que todas las decisiones se toman de antemano. Cuando el momento de tomar decisiones llega, tienes que haber decidido en el pasado cómo vas a reaccionar, en otras palabras, cómo vas a decidir. No obstante, el momento para decidir no es cuando tengas la necesidad, sino, cuando hayas reflexionado, calmadamente, sobre el tema o asunto.

La claridad de los valores en tu vida, te ofrece la oportunidad de tomar cualquier tipo de decisión sin tener que cuestionar su acierto. Para asegurarnos de tener claridad en nuestros valores, tenemos que reflexionar y utilizar la regla de oro como barómetro. Si procedemos siempre con la regla de oro en mente, es poco probable que nos desviemos del camino.

La bestia y el ángel están siempre intentando dominar tu toma de decisiones. Aunque no debemos permitir que la bestia domine tu ser, es importante que ocasionalmente escuchemos a la bestia. La bestia tiene la malicia de la que el ángel carece. A veces, las acciones de la bestia pueden representar el mejor de nuestros intereses. No obstante hay que tener cautela, porque la bestia sigue siendo una bestia.

Cuando el ángel está en control, puede permitirle a la bestia actuar bajo su supervisión. Sin embargo, tenemos que tener la claridad de pensamiento necesaria para identificar con certeza si la bestia está operando bajo nuestro comando o si está intentando batallar en contra de nuestros más profundos deseos.

La vida es una interminable batalla interior. Esto no es ningún problema si permanecemos conscientes de esta realidad. Al conocer que dentro de nuestro ser llevamos una batalla, podemos vivir con la confianza de que estamos alerta y de que no vivimos ajenos a estos principios y leyes universales que tanto hemos discutido. Hoy comienza el resto de tu vida y como ser humano tienes la particularidad de definir cómo la misma se va a desarrollar. No solo eso, sino, que tienes la potestad de cambiar el rumbo de tu vida si de repente te percatas de que en realidad lo que una vez consideraste tu camino, ya hoy no safisface tus necesidades.

Piensa en tu sueño, desarrolla tu sueño, deléitate con tu sueño y conoce en todo momento que tienes en tus manos la capacidad, el poder y la responsabilidad de escoger quién será tu chofer: la bestia o el ángel. Sé que escogerás bien.

¿Cómo aplico lo aprendido?

Con la Boca es un Mamey

Todos conocemos lo que tenemos que hacer para alcanzar una vida de abundancia y prosperidad. Pero una cosa es conocer lo que tengo que hacer y otra completamente diferente es tomar la acción necesaria para lograrlo. *Con la boca es un mamey.* Podemos hablar todo lo que queramos sobre la mejor manera de lograr nuestros sueños.

No obstante, llega un momento en que tenemos que tomar las acciones que sabemos son indispensables para que nuestra vida progrese. Este paso a veces es muy grande y la mayoría de las personas viven conociendo aquello que los pudiera hacer exitosos, pero nunca alcanzan el nivel necesario de fortaleza mental que les permite sobresalir, distinguirse, desempeñarse a un nivel altamente productivo y finalmente gozar de abundancia.

Con la boca es un mamey. Sin embargo, podemos transmutar el conocimiento adquirido, en acciones cotidianas, si nos damos a la tarea de disciplinadamente construir y desarrollar nuestra vida de manera organizada, consistente y enfocados en los objetivos, utilizando nuestras fortalezas para acelerar el proceso de crecimiento.

Con la boca es un mamey. Las personas no escuchan tus palabras, más bien, observan tus acciones. Estudios han demostrado que el liderazgo es 85% visual. Esto significa que las personas están pendientes a tus acciones, a ver lo que haces en el momento de decidir seguirte. Recordemos que liderazgo es influencia y que la primera persona con quien tenemos que tener influencia es con nosotros. Tener influencia con nosotros significa seguir aquellas disciplinas que nos hemos impuesto. Si no podemos seguir nuestras propias disciplinas, no podemos esperar que otros nos sigan y nos consideren sus líderes. El liderazgo siempre comienza conmigo.

Con la boca es un mamey. Muchas veces las personas participan de actividades y eventos educativos donde se ofrece información valiosa y herramientas poderosas que terminan perdiéndose en el espacio sideral. La distancia entre la decisión de hacer algo y la acción necesaria para realizarlo es muchas veces abismal.

La razón principal por lo cual esto ocurre es porque dentro de nuestro corazón tenemos el deseo de alcanzar ciertos objetivos, pero no creemos ser merecedores de los mismos. Todo esto ocurre a nivel subconsciente y nos saboteamos frecuentemente porque nuestra imagen interior está muy lejos de nuestra imagen exterior. El trabajo a realizar es aminorar la distancia, el margen entre estas dos imágenes.

Esta tarea no es fácil, pero sí podemos lograrlo. Lo primero que tenemos que entender es que si en algún momento hemos deseado alcanzar algún objetivo es porque llevamos por dentro la capacidad para manifestarlo. No es posible desear algo o imaginar algo que no tengamos la capacidad de lograr.

Si no tuviéramos la capacidad para lograrlo, no pudiéramos imaginarlo. Entender esta ley universal es de extrema importancia. Esto representa muy buenas noticias. Conocer que todo lo que pensamos, deseamos, idealizamos, imaginamos e inventamos en nuestra mente es posible es muy alentador.

Un buen ejemplo es la película *Avatar*. Cuando James Cameron imaginó esta película, conocía exactamente como quería que se desenvolviera la trama y sus efectos especiales.

No obstante, al momento de la creación en su mente, no existía la tecnología para hacerla posible. Con el concepto en su mente, en otras palabras, la película ya creada, Cameron tuvo que esperar sobre 10 años en lo que la tecnología apareció. Fue responsable por algunos de los elementos necesarios para filmar finalmente la película, pero cabe mencionar que otros elementos fueron creados en otros sitios y por personas que no conocían la intención de Cameron.

La lección es que cuando tenemos un sueño, un deseo, un objetivo, una meta, tenemos que perseverar en la obtención del mismo porque aunque en el momento no aparente ser posible lograrlo, los recursos aparecerán oportunamente.

Todo en el universo se crea dos veces. La primera vez es cuando se imagina la idea, la segunda vez es cuando se implementa la misma y se materializa. Por ejemplo, la ropa que usted tiene puesta en este momento fue primero una idea que se plasmó en un dibujo y luego se materializó cuando se tuvo acceso a la materia prima para crearla.

La materia prima es la tela, el hilo, las cremalleras (*zippers*), los botones y todos los elementos necesarios para confeccionar la ropa. Pero hay que entender que cada pieza de ropa ya estaba creada, aún antes de que la tela se hubiese conseguido. Básicamente la construcción de la pieza de ropa es la segunda parte de la fórmula de la creación. No obstante, la parte más importante es la creación mental. Lo mismo ocurre con nuestra vida.

Cuando decidimos crear una vida de abundancia nuestras antenas comienzan a percibir muchas oportunidades. A veces la cantidad de oportunidades que recibimos es tan grande que podemos confundirnos y pensar que son distracciones. Esto es así porque no estamos acostumbrados a vivir sintonizados al canal de la abundancia. Tenemos que tener claridad con respecto a lo que deseamos en la vida. Esto lo logramos a través de la fijación de metas. También tenemos que practicar el tener una mente abierta. Abierta a ideas nuevas, abierta a personas diferentes, abierta a conocimientos especializados, abierta a filosofías distintas, abierta a maneras de pensar diferentes a la nuestra, abierta a experiencias nuevas, abierta a la realidad de que si no he logrado algo en mi vida, necesito identificar dónde está el complemento que me hará lograrlo. Esto último es de suma importancia.

La mayoría de las personas piensa que si no han logrado algo hasta ahora es porque no es posible para ellos. Esto contradice la ley universal que explicamos al principio. Todo pensamiento y deseo que en algún momento hayas tenido, es posible alcanzarlo. El Todopoderoso no juega ese tipo de juego. El Todopoderoso jamás sembrará en ti una semilla sin darte la oportunidad de recoger la cosecha.

Ese deseo ardiente que llevas por dentro es una comunicación directa e inequívoca de que existe algo grande reservado para ti. Sin embargo, fíjate que se ha depositado en tu corazón y no en tus manos. Si se depositara en tus manos y no estuvieras preparado para recibirlo, como es el caso muchas veces, pudieras perderlo. Tu corazón es como un cofre, como una caja fuerte donde se depositan cosas importantes, cosas de valor.

El hecho de que esté depositado en tu corazón significa que estará disponible cuando tú estés preparado para recibirlo. Te toca a ti prepararte. El precio de alcanzar tus sueños es la preparación necesaria para convertirte en la llave que abre la caja fuerte de tu corazón. Aunque la caja fuerte sea tuya, necesitas una llave especial para abrirla. Esta llave no te la dan, tú la creas. Este proceso está diseñado perfectamente de manera divina. Si tuvieras acceso a tus sueños con cualquier llave, otros pudieran fácilmente robarte tu tesoro. Es por eso que la llave de tus sueños lleva impregnada el DNA de tu esencia.

Con la boca es un mamey. La adquisición de sueños requiere trabajo. Hay un precio que hay que pagar. Ese precio se llama desarrollo personal. Este tiene que ser intencional. Es imposible crecer por accidente. Nadie se levanta en la mañana y de repente se tropieza con el desarrollo personal. Tienes que dedicarte a las disciplinas aprendidas y cuando en ocasiones te desvíes del camino, saber que no puedes lamentarte por el desvío, sino, revisar nuevamente cuál es el camino a seguir y regresar al mismo INMEDIATAMENTE.

No repetiré los pasos a tomar durante tu crecimiento personal, ya esos los conoces a la perfección. Lo que tienes que hacer es implementarlos e incorporarlos a tu rutina diaria. Con la boca es un mamey. Es hora de decidir de una vez por todas que voy tras mis sueños y que conozco que tendré desvíos durante el camino. Pero también sé que los desvíos serán mi señal de pausar momentáneamente, reflexionar y reenfocar mis esfuerzos.

Esto no es una cuestión de orgullo, es un asunto de vida o muerte: la vida o muerte de tu espíritu. Hay muchas personas caminando por la vida, pero que están muertos desde hace mucho tiempo. No permitas que esto te ocurra a ti. Vive, demuestra tu valor como ser humano, aporta a los demás y solo así sabrás que nada fue en vano. Con la boca es un mamey, comienza a practicar las acciones poderosas que te llevarán al éxito, hoy.

Cuatro Principios Antiguos de la Filosofía del Éxito

El éxito tiene dos características principales. Primero, el éxito deja huellas. Quiérese decir que aquellas personas que desean tener éxito en abundancia tienen que darse a la tarea de buscar las huellas de éxito que otros han dejado. Segundo, el éxito no es nuevo y se rige por estrictos principios antiguos que han sido probados a lo largo de la humanidad.

Los principios de éxito utilizados por nuestros ancestros son los mismos principios que te harán tener éxito hoy. Las herramientas y los vehículos para alcanzar el éxito pueden cambiar a través de los tiempos, pero los principios serán siempre los mismos. Por eso se llaman principios.

Un principio es una ley o regla que debe seguirse con el fin de lograr cierto propósito. Los principios representan las características esenciales de un sistema. Sin sistemas, la vida sería un caos. Imagínese no conocer si después del día vendrá la noche u otro día o si las estaciones del año cambiaran su orden y duración. Se nos haría muy difícil vivir. Veinte años de invierno no los aguanta nadie.

Etimológicamente la palabra principio se deriva del latín *principium* que significa comienzo, primera parte, parte principal que a su vez se deriva de *prim* que significa primero, en primer lugar. Literalmente principio es lo que toma el primer lugar. Lo primero que se hace o debemos hacer.

Rubén Huertas

El primer principio antiguo de la filosofía del éxito es que tenemos que aportar la mayor cantidad de valor a la mayor cantidad de personas que podamos. Mientras mayor sea el valor que aportamos a los demás, mayor nuestra compensación y remuneración en la vida.

Existe un refrán que dice: "los que sirven a las masas viven con las clases; los que sirven a las clases, viven con las masas". Conocemos que la mayoría de las personas pertenecen a la masa de la sociedad. Por eso se llaman las masas.

Son muy pocas las personas que pertenecen a la clase alta. Por lo tanto, el primer secreto para pertenecer a la clase alta es producir algún tipo de valor a las masas. Para crear riquezas de manera rápida es menester tener la mayor cantidad de personas posibles para servir. En otras palabras, una cantidad significativa de usuarios.

Necesitamos masa crítica para acelerar la adquisición de abundancia. Tenemos que vivir obsesionados con la posibilidad de añadir valor a la mayor cantidad de personas y satisfacer sus necesidades y deseos. Cuando hacemos esto, activamos el principio de la abundancia. Siempre tenemos que sembrar primero para luego recoger la cosecha.

El segundo principio antiguo de la filosofía del éxito es la especialización. Solo aquellos que se especializan alcanzan los más altos niveles de riqueza. Un cirujano genera muchos más ingresos que un generalista, un abogado estrictamente criminalista genera muchos más ingresos que uno cuyo práctica sea general o se dedique a la notaría de "lo que le llegue". Un corredor de bienes raíces especializado genera múltiples veces la cantidad de dinero que un corredor que acepta "lo que le llegue" genera. Este principio no se puede evitar.

El neófito piensa que es todo lo contrario, que mientras más cosas haga y más casos acepte, mayor será su posibilidad de generar ingresos. Operar de esta manera es nadar como el salmón, en contra de la corriente. La meta principal de todo profesional debe ser la especialización. Esta a su vez tiene subespecializaciones. Procure buscar la especialización dentro de la especialización. Recuerde que lo general es lo promedio. Evite ser promedio, ofrezca el producto o servicio más especializado que satisfaga la mayor cantidad de personas posible.

El tercer principio antiguo de la filosofía del éxito es la conectividad. Los seres humanos necesitamos estar conectados. La importancia de la conectividad la evidenciamos en la Biblia donde se nos comunica que Caín construyó la primera ciudad. Parece insólito que Caín construya una ciudad cuando no existían ni tan siquiera cinco personas en el planeta. El mensaje es claro desde el principio. Los seres humanos tienen que estar conectados para alcanzar el éxito. No existen solitarios exitosos.

Estudios revelan que las personas que se desenvuelven en las ciudades son más exitosos que aquellos que se mantienen alienados en los campos. Puedes vivir en el campo, pero tienes que hacer tu vida en la ciudad. Si recordamos el primer principio discutido, todo esto tiene sentido ya que es en la ciudad donde logramos aportar a la mayor cantidad de personas posibles. Todos los principios antiguos de la filosofía del éxito se refuerzan entre sí.

Una de las características principales de los seres humanos es nuestra capacidad para cambiar aunque sea solo un poco. Ningún otro animal en el planeta puede cambiar. Los animales no tienen la capacidad para cambiar; los humanos no tenemos la opción de NO cambiar. Lo que nos hace humanos es precisamente la continuidad de cambio en nuestras vidas. No nos mantenemos estáticos, siempre cambiamos. Por lo tanto, asegúrate de que cambias en la dirección correcta y que tu cambio no represente un retroceder en tu vida. Muchas vidas retroceden de manera regular hasta que ya no tienen la

Rubén Huertas

capacidad de aportar a una sociedad cambiante. Muévete con los tiempos o mejor aún, adelántate a los tiempos y capitaliza en destrezas, habilidades y sistemas adquiridos como resultado de tu desarrollo personal y profesional que busca mantenerte siempre a la vanguardia de todo lo que te rodea.

El cuarto principio antiguo de la filosofía del éxito es que únicamente los humanos tenemos la habilidad de transformar nuestra vida. Mi vida actual no tiene que necesariamente ser representativa de mi vida futura. Podemos cambiar la dirección de nuestra vida en cualquier momento. Solo se requiere de una decisión bien fundamentada y respaldada con el esfuerzo necesario para moverte de donde estás a donde quieres estar.

Tenemos que estar abiertos a la idea de que nuestra vida NO tiene que representar la normalidad de la vida de las personas. Nuestra vida puede desarrollarse de una manera completamente extraordinaria e inesperada.

En la vida no permanecemos estáticos. Nuestra resistencia a la transformación únicamente nos desliza hacia atrás. Identificar conscientemente que NO estás satisfecho con tu vida y sus resultados es el primer paso necesario para activar el proceso de transformación en tu vida.

No cambiaremos, ni evolucionaremos mientras estemos cómodos. Incorpora en tu vida algún tipo de incomodidad que te mantenga siempre progresando. Los mejores atletas del mundo practican en semilleros, es decir, un ambiente muchas veces hostil que carece de lujos y comodidades. Solo tienen los equipos más básicos necesarios para prepararse.

Los mejores coaches conocen que independientemente del deporte o disciplina, el trabajo real que tiene que realizarse es en la mente, no en el cuerpo. El cuerpo tiene que estar debidamente condicionado, pero a este nivel, todos los atletas cumplen con este requisito mínimo. Lo que hace la diferencia entre un campeón y los demás competidores es su fortaleza mental. Esta se desarrolla conociendo que tenemos la capacidad de transformarnos y luego darnos a la tarea de hacerlo.

Incorpora estos cuatro principios antiguos de la filosofía del éxito a tu vida y practícalos de manera regular hasta que se conviertan en parte de tu ser. Aporta abundantemente a la vida de los demás, especialízate, conecta con la mayor cantidad de personas posible y comprométete con aquellas disciplinas que cada día comiencen a transformar tu vida.

Durante miles de años, miles de personas en posesión de estos principios han creado vidas espectaculares y han pavimentado el camino para nosotros. Nos toca ahora pavimentar el camino para otros. Decreta hoy que no pisarás camino alguno sin dejar tu huella de excelencia y que tomarás el tiempo necesario para encaminar a otros por este mismo sendero de los principios antiguos de la filosofía del éxito utilizada por los más sabios y exitosos personajes de la historia.

Pasa la Página, Sigue Caminando

Todos hemos tenido situaciones difíciles en nuestra vida. Situaciones que después de haber invertido mucho esfuerzo, entusiasmo y energía resultaron infructuosas. Estas situaciones nos desilusionan, frustran y hasta nos roban el deseo de seguir intentando otras cosas. Ese es precisamente el mayor peligro.

La vida es una serie de experimentos continuos donde vamos identificando las áreas donde podemos tener la mayor aportación. Si recordamos que todo lo que recibimos en la vida es un reflejo directo de aquello que aportamos, entonces podemos definir y concluir que en aquellas ocasiones donde no tuvimos el éxito esperado, nuestra aportación probablemente no era la que representaba el mayor valor.

Esto es muy difícil de aceptar porque todos pensamos que lo que hacemos es lo mejor. Que somos los mejores, que tenemos las mejores ideas, que nuestro insumo es el más valioso. A veces esto sí es cierto, otras veces no lo es.

El hecho de que hayamos trabajado duro para lograr algo, no significa que en ese momento en particular, lo que hicimos, representaba la tarea de mayor valor a los involucrados. Por ejemplo, un jugador de baloncesto puede ser el mejor del equipo pero al momento de tener que hacer tiros libres, su desempeño es pobre.

Aunque los tiros libres se suponen que sean más fáciles de lograr, a este jugador en particular le causan mucho estrés y falla en la mayoría de sus intentos. Por lo tanto, el valor de este gran jugador no es mucho cuando lo que se requiere del equipo es hacer tiros libres.

Es por esto que debemos darnos a la tarea de conocer cada día más lo que representan nuestras fortalezas naturales, nuestros talentos y a su vez identificar cómo y cuándo utilizar los mismos para asegurarnos de que nuestra aportación es oportuna. Conocer los tipos de personalidad es un gran paso hacia esta meta.

Las distintas personalidades tienen sus fortalezas y también sus debilidades. Conocer e identificar el tipo de personalidad de los integrantes de tu equipo es importante para que de esta manera puedas complementar las debilidades de los demás y asociarte con aquellos que complementen las tuyas.

Pasa la página, sigue caminando. Olvídate de las experiencias negativas del pasado y enfócate en tus sueños, los cuales se realizarán en tu futuro. Hay personas que siguen leyendo las páginas de su pasado como una revista vieja en la oficina de un doctor y mientras más nos enfoquemos en lo pasado, más fácilmente solidificaremos las actitudes, estados de ánimo y acciones que en su momento nos detuvieron en nuestra consecución de metas.

Dice la canción:

"Ya lo pasado, pasado
no me interesa
si antes sufrí y lloré
todo quedó en el ayer,
ya olvidé, ya olvidé
ya olvidé".

Tenemos que borrar los malos recuerdos, sin embargo, haríamos bien en incorporar de manera objetiva las lecciones aprendidas. Estas tienen el poder de impulsarnos hacia el futuro con más fuerza; las frustraciones adquiridas tienen el potencial de mantenernos estancados. Tenemos que tomar una decisión consciente y firme con respecto a cómo voy a enfrentar mi vida desde hoy.

Hoy decido que controlo mi futuro, que controlo mis actitudes, que controlo mis impulsos, que controlo mis pensamientos, que controlo el ambiente que me rodea, que creo mi propio ambiente de éxito y declaro abundancia para mi vida.

Esto requiere que evalúe regularmente mi desempeño a nivel personal y profesional. Separar tiempo de manera regular para *auditarme* y monitorear mis resultados. Todo lo que se monitorea, mejora y mi deseo es mejorar de manera consistente. El cambio no tiene que ser enorme, pero sí en la dirección correcta.

Existe un sentido de libertad cuando asumo responsabilidad por mi vida, cuando evito excusar mi situación actual y decido contundentemente que soy responsable por mi vida y más allá de una razón personal o egoísta, me responsabilizo por el bienestar de aquellos que dependen de mí. Hay fuerza y energía en esa decisión. Fuerza de la buena, la que proviene de nuestro interior. Cuando logramos sincronizarnos con nuestro interior, nuestra vida comienza a fluir naturalmente, obteniendo resultados que parecen ser milagrosos.

Pasa la página, sigue caminando. Haz un inventario de todas las herramientas de superación que tienes a tu disposición y determina ahora mismo que independientemente de los resultados que hayas obtenido hasta el día de hoy, tu vida será diferente porque has decidido enforcarte en tu futuro y comprometerte realmente contigo mismo.

Todos tenemos la capacidad de redirigir nuestros esfuerzos de manera inmediata. A veces lo que hace falta es caer en tiempo.

Despertar a la realidad que estoy viviendo y comparar esa realidad con la idea que poseo de una vida ejemplar. Si en esta comparación existe un margen grande, es hora de comenzar a reducir el mismo. Todos los conocimientos que necesito para lograrlo están disponibles y no es la carencia de recursos, sino, la falta de implementación consistente la que me mantiene algunos pasos retrasados con respecto a mis metas y objetivos.

Es importante recordar que también son muchos los pasos que he adelantado en mi camino. Estos pasos me han brindado gran satisfacción. Ahora es el momento de aplicar nuevamente aquellas estrategias que sí funcionaron y decidir tomar prestado de mis buenas experiencias de la vida para aplicarlas a mis funciones y tareas actuales.

Todas las cosas positivas de mi vida son transferidas a mi vida actual. Es como tener dos cajas de herramientas. Una de las cajas tiene muchas herramientas positivas y efectivas. La otra tiene muchas herramientas negativas y muy pocas positivas. Hoy puedo decidir tirar todas las herramientas al piso y poner en la misma caja aquellas herramientas positivas que puedo utilizar para impulsarme con fuerza hacia el futuro. Las herramientas negativas las puedo botar y guardarlas para cuando adquiera otras que son positivas.

Las herramientas son los libros, audiolibros, formularios, seminarios, talleres, programas de superación, personas que te apoyan, ambientes positivos, actitudes, aptitudes, destrezas, talentos, conocimientos, experiencias, fe, esperanza, confianza, valores, familia, amistades y muchas cosas más que has adquirido en la vida.

Si en realidad haces un inventario de todo lo que tienes, te sorprenderás de lo rico que eres. Es hora de poner tu riqueza a trabajar para ti y para aquellos que te rodean. Tu aportación es magnánima y es tu responsabilidad compartirte con el mundo. Levanta la mano y di presente. Estoy aquí para aportar, estoy aquí para crecer, estoy aquí para abundar. El Todopoderoso solo crea perfección y eso mismo es lo que ha depositado dentro de ti. Por eso, pasa la página, sigue caminando.

¿Cómo aplico lo aprendido?

_____

_____

_____

_____

_____

_____

_____

_____

_____

_____

Resonancia Simpática

La resonancia simpática es un principio universal que proviene del campo de la música. Consiste en el efecto de atracción entre cosas iguales. El ejemplo clásico es el de dos pianos que se colocan en un cuarto grande. Si usted presiona una tecla en uno de los pianos, la cuerda equivalente en el otro piano vibrará con la misma intensidad que la del primer piano.

Esto es en esencia el principio universal de resonancia simpática. En lo personal y de manera práctica esto significa que atraemos a nuestra vida las personas y situaciones que están en armonía y en sintonía con nuestra manera de pensar y actuar. Lo opuesto también es cierto. Nos sentimos atraídos a personas y situaciones que están en armonía y en sintonía con nosotros.

Si somos alegres, atraemos personas y situaciones alegres. Si somos optimistas, atraemos personas y situaciones positivas. Si somos personas angustiadas, atraemos personas y situaciones de angustia. Si en algún momento surjen situaciones opuestas a nuestra sintonía natural, podremos fácilmente manejarlas y regresar nuevamente a nuestro estado de vibración natural.

En su libro *El Secreto de la Riqueza Absoluta*, Richard Bach dijo: "Los iguales se atraen. Limítate a ser quien eres: sereno, transparente y brillante. Cuando irradiamos lo que somos, cuando solo hacemos lo que deseamos hacer, esto aparta automáticamente a quienes nada tienen que aprender de nosotros y atrae a quienes sí tienen algo que aprender y también algo que enseñarnos."

Para crear un ambiente conducente a una vida en armonía y paz con nuestra vibración, es importante exponernos a recursos, personas, situaciones y experiencias que solidifiquen nuestra inclinación natural. Cuando hacemos esto automáticamente reforzamos nuestro carácter y fortalecemos nuestra esencia. Leer y escuchar materiales enaltecedores es indispensable para mantener nuestro crecimiento activo.

En esencia somos un imán viviente. Tus pensamientos dominantes crean tu realidad. Todo lo que te rodea, lo has atraído a tu vida como consecuencia de la persona en la que te has convertido. Tanto lo bueno como lo malo. La buena noticia es que una vez conoces que esto es así, tienes el poder de moldear tu futuro a tu manera, a tu gusto.

Para moldear tu futuro, tienes primero que moldear tu pensamiento. Tu pensamiento moldea tu mente. Tu mente moldea tus acciones. Tus acciones moldean tu vida. Tu vida moldea y establece tu legado.

Es importante también conocer que la carga emocional que le pongas a tu vida determinará la intensidad de la vibración y la rapidez con la que atraes aquellos objetivos que deseas. Es imposible evitar esta ley universal. Por lo tanto, lo mejor que podemos hacer es conocerla y aplicarla de manera consciente para nuestro beneficio.

Alguna vez habrás pensado en una persona y de repente te llama por teléfono. Y le comentamos: "te traje con el pensamiento". Esta aseveración es 100% correcta. Precisamente con el pensamiento logramos que esta persona nos llamara, aunque de manera consciente no haya sido nuestra intención. Lo que sí ocurre es que en ese momento en particular, la vibración energética entre las dos personas estaba perfectamente alineada. Es por eso que las emisoras de radio tienen un número para sintonizar su programación. Este número es preciso, muchas veces con puntos decimales. Es probable que si estás cerca del número de la estación de radio, puedas escucharla, pero con interferencia.

Para escuchar con claridad tienes que sintonizar exactamente los números de la estación. Lo mismo nos ocurre con la vida. Tenemos que aprender a sintonizar lo más precisamente posible con las personas, situaciones, metas, objetivos y experiencias que nos conduzcan a un crecimiento en la dirección de nuestros sueños. Esto no es un trabajo fácil, pero sí es posible con la ayuda regular y consistente de programas diseñados para el crecimiento personal y profesional.

No podemos escapar el alcance de esta ley. Es menester dominar su funcionamiento. A veces no sabemos cómo empezar a aplicar esta ley en nuestra vida. Sin embargo, lo importante es conocer que no tenemos que conocer las repuestas a todas las preguntas, que no tenemos que conocer cómo hacer todas las cosas, que no tenemos que dominar todas las tareas necesarias para alcanzar nuestros sueños.

Lo que sí tenemos que tener claro es hacia donde nos dirigimos. Una vez identifiques esto podrás, de manera efectiva, identificar el tipo de persona que te puede ayudar a alcanzar tus metas, los recursos que te fortalecerán por el camino y las estrategias a utilizar en la persecución de tu destino. Como dice el refrán: "cuando el discípulo está listo, el maestro aparecerá".

Si el maestro aparece antes de que el discípulo esté listo, este ni tan siquiera se percatará de que el maestro se encuentra cerca. Sorprendentemente y como resultado de la misma ley universal de la resonancia simpática, una vez el discípulo o el estudiante está listo, el maestro aparece como por arte de magia. Lo único es que no es magia, es una ley universal.

A veces nuestro entusiasmo es muy grande como resultado de alguna expectativa que tenemos de algo que va a ocurrir. Este entusiasmo lo sentimos en lo más profundo de nuestro ser e irradia una energía que es visiblemente notable en nuestro exterior. La gente lo nota enseguida. Este entusiasmo hace que tu energía vibre a una velocidad en particular cuya intensidad emocional acompaña al pensamiento y conduce a la acción.

Esto es lo que muchas veces llamamos *acción masiva*. En lo personal no creo en la acción masiva, sino, en la acción con claridad de pensamiento y profunda intensidad. Cuando actuamos con claridad de pensamiento, cada paso que damos es firme y equivale a muchas acciones al azar. Es por eso que aparenta ser *acción masiva*. Pero en realidad es el beneficio de actuar con claridad. Nada es tan poderoso como tener claridad. Debemos orar por claridad y discernimiento. Estas son dos de las herramientas más poderosas que un ser humano puede desarrollar.

La intensidad de tus emociones al actuar determinará la rapidez con la que tus sueños se hacen realidad. La intensidad baja, retrasa la obtención de las metas; la intensidad alta, acelera el proceso de transformación y evolución. Para prosperar en la vida es necesario desarrollar una mentalidad de prosperidad.

La pregunta es: ¿cómo desarrollo una mentalidad de prosperidad? La respuesta es: conociendo lo que las personas prósperas hacen y han hecho para alcanzar la misma. Por eso, la importancia de escuchar los audiolibros por personas que han tenido en su vida grandes riquezas y mucha abundancia.

Los conocimientos adquiridos te equiparán para atraer abundancia a tu vida de la misma manera que otros lo han logrado. Sin embargo, no es tan sencillo como escuchar audiolibros o leer libros, hay que autoevaluarse e identificar aquellas áreas que debo desarrollar, aquellas disciplinas que debo adquirir y lo más importante de todo, aquellas cosas que debo desaprender. Lo más que nos detiene en la vida y nos mantiene lejos de la abundancia real no es lo que desconocemos, sino lo que creemos conocer que no es cierto. Desaprender es un proceso de catarsis donde nos despojamos de cargas innecesarias en nuestra vida, pero que hasta hoy han representado en gran parte nuestra base de creencias. Creencias que imposibilitan nuestro crecimiento real.

Hoy es un día de cambio, de transformación, de crecimiento, de avances y de logro de metas. El conocimiento del principio y ley universal de la resonancia simpática te permitirá identificar aquellas actitudes y acciones que debes incorporar a tu vida para atraer aquella persona en la que te quieres convertir.

La vida es un proceso de transformación constante. Lo importante es conocer en qué te estás transformando y decidir ser el arquitecto de tu propio destino. Solo así podrás maximizar la facultad que te ha regalado el Todopoderoso.

Solo por Hoy

Conocemos y dominamos la mayoría de las cosas a realizar para alcanzar nuestros objetivos. Sin embargo, muchas veces se nos hace muy difícil hacer lo que tenemos que hacer. Son tantos los detalles, que el solo hecho de pensar en tomar acción, pudiera desanimarnos. Por eso, terminamos procrastinando. La mejor estrategia para contrarrestar esto es el pensamiento de "solo por hoy".

Cuando pensamos en "solo por hoy" el compromiso no parece tan grande. Solo por hoy voy a hacer todas mis llamadas, solo por hoy voy a escuchar el audiolibro, solo por hoy voy a revisar mis formularios y contratos, solo por hoy voy a leer por 15 minutos, solo por hoy voy caminar, solo por hoy voy a tener esa conversación que he evitado hace tanto tiempo.

La estrategia de "solo por hoy" es muy efectiva y no carga nuestra mente. Aparenta ser algo fácil y sencillo. Es importante conocer que cuando utilizamos la estrategia de "solo por hoy", debemos hacerlo con una sola cosa, no varias cosas. Si escogemos hacer varias cosas "solo por hoy" regresamos al ánimo de pesadez que muchas veces es el causante de nuestra inercia.

Escoge una sola cosa para hacer en todo el día y hazla con el pensamiento de "solo por hoy". Mágicamente y de manera que parece casi contradictoria, te sentirás con el deseo de hacer muchas cosas y anhelando que llegue mañana para hacerlo nuevamente. Esto es precisamente el efecto que queremos lograr con la estrategia de "solo por hoy".

Es como liberar la mente de tareas arduas y que aparentan ser difíciles. Lo que nos carga en el proceso de desarrollar nuevas disciplinas es el pensamiento de que tendremos que continuar repitiendo las tareas regularmente. Si la tarea que necesitamos hacer fuese a realizarse solamente una vez, no sería tan complicado.

Podemos hacer cualquier cosa una sola vez. Es el conocer que tendremos que hacerlo repetidas veces, a largo plazo, lo que nos agobia. No obstante, este agobio es parte natural de toda iniciativa al principio. Una vez desarrolladas las rutinas, el proceso se convierte en algo automático, muy parecido a conducir un auto. La estrategia de "solo por hoy" nos ayuda a fortalecer nuestra voluntad.

Una vez arraigadas nuestras disciplinas, no necesitaremos más utilizar esta herramienta. La tarea a realizar se habrá convertido en parte integral de nuestra esencia.

Esa es precisamente la finalidad del proceso evolutivo de crecimiento personal, convertirnos en aquello que hoy aplicamos. La meta máxima de la educación no es el conocimiento, sino la acción.

La acción se facilita cuando nos convertimos en aquello que anhelamos alcanzar. No es lo mismo correr un maratón que ser un maratonista. Miles de personas corren maratones, pocos son maratonistas. En una fusión de destino, práctica y actividad el individuo se convierte en un maratonista.

Se distingue esto de la persona que corre uno o varios maratones, pero que no lleva dentro de sí la esencia del maratonista. Ese único deseo ardiente de superación constante que se niega a aceptar excusas en su camino hacia la cima. Ese deseo eventualmente se convierte en su razón de ser y es ahí donde se crea la fusión, donde nace la esencia.

Lo mismo ocurre con nuestra carrera profesional. Podemos realizar aquellas actividades y acciones necesarias para triunfar de manera abundante o podemos convertirnos en personas que son el triunfo y la abundancia misma.

Esta distinción es sutil, pero significativa. Convertirse en algo significa adoptar y acatar los fundamentos que forman la base, la estructura de aquello en lo que me he convertido. En este proceso es vital tomar decisiones que vayan a la par con nuestros valores y principios.

No podemos escapar el efecto acumulado de aquellas decisiones que hemos tomado. Por lo tanto, tenemos que estar bien claros en cuáles son las decisiones que tomaremos hoy, las cuales crearán los efectos de mi futuro.

Es imposible escapar la ley de la causa y efecto. Por ende, nuestras decisiones tienen que estar fundamentadas en principios sólidos que sean incorruptibles. Principios universales, principios de bien, principios de orden, principios morales y éticamente correctos y principios de alto desempeño y productividad que conduzcan a la abundancia, resultado de acciones bien planificadas que consideran en todo momento el añadir valor a lo que nos rodea como la base y fundamento de la evolución humana.

Lo más que daña la mente es hacer menos de lo que podemos hacer. La mente es como un carro deportivo que quiere que lo reten a ver cuán lejos puede llegar o cuán rápido puede correr. Utilizando el concepto de "solo por hoy" podemos tomar acciones sencillas y darle fuerza a nuestra mente para permitirle desplegar toda su grandeza.

La vida nos exige progresar de manera medible en un tiempo razonable. La Biblia, en la parábola de los talentos, nos enseña que cuando el amo repartió talentos a tres de sus siervos, esperaba recibir fruto equivalente a los talentos repartidos.

Era inaceptable no progresar, proporcionalmente a los talentos repartidos, en un tiempo razonable. Esta es una enseñanza que puede parecer muy dura, pero refleja con claridad lo que el Todopoderoso espera de nosotros.

A través de la estrategia de "solo por hoy" podemos poco a poco desarrollar la resiliencia necesaria para contrarrestar los ánimos que en ocasiones nos detienen al momento de tomar acción.

Decreta hoy que observarás tu vida y tu comportamiento detenidamente para identificar aquellas áreas donde puedes aplicar la estrategia de "solo por hoy" y evitar de esta manera postergar acciones y toma de decisiones que son significativas para el bienestar de tu futuro y todos los que dependen de ti.

¿Cómo aplico lo aprendido?

_____

_____

_____

_____

_____

_____

_____

_____

_____

_____

_____

_____

Las Fuerzas que te Alejan de la Ética

Tenemos que evitar vivir nuestra vida en un vacío. Cuando vivimos únicamente pensando y actuando para lograr nuestros objetivos, nuestros deseos, nuestras metas y avanzar en nuestro caminar por la vida, en realidad estamos retrocediendo. No podemos progresar de manera individual.

Es menester que en todo nuestro proceder llevemos a los demás de la mano. Un conocido refrán dice: "si quieres caminar rápido, camina solo; si quieres llegar lejos, camina acompañado". Para caminar acompañado es vital que hagamos el bien a los demás. Que aportemos desinteresada y abundantemente a la vida de los demás de manera intencional y consistente.

La mejor manera de lograr esto es incorporando la *Regla de Oro*. Hagamos a los demás y tratemos a los demás de la misma manera que quisiéramos ser tratados. Esto no es nada nuevo. No pretende serlo. Lo que sí pretendemos es despertar aquellos valores y principios que aprendimos de niños, pero que tal vez se han dormido por el camino.

Recientemente dialogué con un colega a quien le solicitaron dictar una conferencia de ética empresarial. Él indicó que no existe tal cosa. Únicamente existe ética y aquel que la tiene la aplica en todos los aspectos de la vida. En su empresa, en su familia, en su iglesia, en su comunidad, consigo mismo y para con los demás. La mejor manera de medir si lo que estoy a punto de hacer o si la decisión que tomaré es la acertada es recurrir a la *Regla de Oro*. Si estando en el lado opuesto de la acción planificada me sentiría como un ganador, no tendría que preocuparme por si actúo éticamente o no. Esta regla nunca falla.

Tenemos que desprendernos de nuestros intereses personales al momento de tomar decisiones. El principio universal del progreso, de la abundancia, es ayudar a los demás y aportar significativamente a sus vidas. Ya lo decía el cantautor argentino Facundo Cabral: "si los malos supieran que buen negocio es ser bueno, serían buenos aunque sea por negocio".

No podemos escapar el alcance de las leyes universales. Una ley es una regla basada en un sistema de orden. Las universales nunca cambian y vivimos toda la vida bajo su efecto. Conocerlas y seguirlas es el mejor consejo. En mi barrio decían: "haz bien y no mires a quién".

Tan fácil, tan profundo, tan sencillo, tan elocuente y tan difícil de implementar. Pero no tiene que serlo si decretamos que desde hoy mi código de honor será *buscar SIEMPRE el bienestar de los demás antes del mío propio*. Lo demás llegará por añadidura.

La mayoría de las personas tienen la intención de actuar de manera correcta, de adherirse a la ética, la integridad y la honestidad en sus acciones para con los demás. No obstante, al momento de la verdad, algunas personas ceden principalmente ante tres fuerzas: la conveniencia, el ganar y la relatividad. La primera fuerza es la *conveniencia*.

Cuando es más conveniente hacer lo fácil que lo correcto, es cuando se prueba nuestra integridad. Pensemos en lo que hacemos cuando vamos conduciendo y de repente la luz de tráfico cambia a amarilla. Todos sabemos que esto es un indicador de que tenemos que reducir la velocidad con precaución. Sin embargo, es más fácil acelerar y pasar la luz, conociendo que la probabilidad de que la misma cambie a roja es significativa. Muchas veces al acelerar después de ver la luz amarilla, terminamos cruzando con la luz roja sobre nosotros, lo cual representa un peligro para los conductores que vienen del lado opuesto.

Pensar que una acción tan sencilla como reducir la velocidad y hacer un alto es lo correcto y por lo tanto circunscribirme a efectuar únicamente estas acciones, es la manera en que debemos proceder. Evitando ceder a la conveniencia, vamos poco a poco corrigiendo el comportamiento que fortalecerá mis principios de ética, integridad y honestidad. Estos tres van de la mano y son inseparables.

La segunda fuerza a la cual cedemos es *ganar*. A nadie le gusta perder, todos queremos ganar. No obstante, cuando nos regimos por principios éticos y morales siempre ganamos porque el ganar significa hacer lo correcto en todo momento.

Aún cuando no consigo exactamente lo que deseo de forma inmediata, haberme regido por mis principios, representará mi victoria a largo plazo. A la larga, las leyes universales ganan y lo que deseo se materializará en el momento propicio.

La tercera fuerza a la cual cedemos es la *relatividad*. Tenemos que estar claros con respecto a nuestros estándares. Estos no pueden ser una cuestión de juego. Muchas personas basan su ética con relación a la situación, en vez de basar la situación en su ética.

Racionalizamos nuestras decisiones y optamos por actuar de una forma u otra relativo a la situación actual, en vez de determinar que mi decisión siempre va a estar basada en mis principios.

Todo el mundo tiene su propio estándar y lo acomoda para justificar sus acciones. Es por eso que utilizar la *Regla de Oro* como la brújula que guía tus decisiones es una buena idea y siempre colocarte en los zapatos de los demás. La decisión, resultado de esta práctica, será la correcta en todo momento.

Las personas que se desvían de la ética, la integridad y la honestidad, lo hacen en busca de beneficios y ganancias inmediatas. Tienen una perspectiva que se limita únicamente al presente. Carecen de visión. Desconocen que hacer el bien es la mejor decisión de negocios.

El Centro de Recursos Éticos de Washington, DC reportó que aquellas compañías que se dedican a hacer lo correcto, independientemente de lo que signifique para su empresa, son las más rentables. Estas compañías viven sus valores e incorporan a sus operaciones un compromiso social por escrito de cómo actuar al momento de enfrentar decisiones difíciles.

Se ha documentado que una inversión de $30,000 en el Dow Jones, 30 años más tarde tendría un valor de aproximadamente $130,000. No obstante, si se hubiesen invertido los mismos $30,000 en alguna de las compañías listadas que incorporan un compromiso social por escrito, el valor aproximado de su inversión durante el mismo período de tiempo, sobrepasaría un millón de dólares. Casi diez veces el rendimiento obtenido por el Dow Jones.

Esto es una muestra sólida e inequívoca y valida el hecho de que hacer el bien, incorporar valores éticos y actuar con integridad siempre es la mejor inversión. El Todopoderoso sencillamente se ha encargado de que la vida sea así. Es la mejor manera de evitar vivir nuestra vida en un vacío.

¿Cómo aplico lo aprendido?

_____

_____

_____

_____

_____

_____

_____

_____

_____

_____

_____

_____

_____

Motívate a ti Mismo

¿Recuerdas la primera vez que te sentiste motivado? Aunque en su momento no hayas reconocido esa emoción como *motivación*, ciertamente fue una sensación muy agradable. A todos nos gusta estar motivados. Es el combustible que nos impulsa en la vida.

Existe mucho poder en la motivación. Por lo tanto, como profesionales, debemos conocer las diferentes maneras de activar nuestra motivación. Contamos con una gran cantidad de canales que podemos utilizar al momento de motivarnos. Por el momento, presentaremos seis de los más efectivos y que puedes comenzar a utilizar de inmediato.

Canal 1: Los libros
Los libros representan uno de los canales más efectivos al momento de buscar motivación. Un libro es un documento que por lo general ha tomado muchos años en materializarse. Los escritores de libros tienen que primero aprender, experimentar, internalizar, dominar y eventualmente convertirse en el tema en el cual desean expresarse.

Aunque la parte técnica de escribir un libro puede hacerse de manera rápida, la preparación mental y anímica para hacer el mismo requiere un gran esfuerzo. Un libro es una expresión madura del pensamiento y las experiencias del autor.

Cuando leemos un libro nos beneficiamos de la síntesis de muchos conocimientos y experiencias que tal vez nos tomarían años acumular si fuéramos a realizarlo nosotros. Por lo tanto, leer es la manera más rápida y eficiente de crecer sin desperdiciar mucho tiempo.

Al leer capitalizamos las experiencias y conocimientos de otros. Es como comprar una inversión con dinero prestado. Nuestra inversión es mínima y el rendimiento es muy alto. Hay libros que tienen el poder de transformar tu vida de manera inmediata y fungir como un gran apalancamiento en tu vida.

Hay otros que te ofrecen las herramientas necesarias para la tarea que necesitas completar en este momento. Cuando cultivamos la disciplina de la lectura, entramos en un mundo completamente diferente el cual nos guía por el camino que deseamos seguir.

Cuando identificas un libro que es afín con tus metas y objetivos, el mismo comienza a llevarte a otros libros que también te apoyarán en la conquista de tus sueños. No existe nada más económico y más rápido en la obtención de tus sueños que leer libros y aplicar sus enseñanzas.

La motivación que emana de la lectura de libros nace realmente de lo profundo de tu corazón y esa motivación tiene la fuerza de dirigirte por el sendero correcto a la vez que funge como faro de referencia.

Canal 2: Los audiolibros
Existen muchos libros que se han grabado en audio. También hay programas de audio independientes de libros. Muchos seminarios, charlas, talleres y enseñanzas se documentan de manera permanente en audiolibros. A diferencia de un libro regular, los audiolibros afectan una parte de tu mente que complementa la lectura de libros.

Leer un libro y escuchar el audiolibro del mismo libro que has leído tienen efectos diferentes y si encuentras un libro del cual te enamoras y logras encontrar también el audiolibro del mismo libro, lograrás una comprensión, dominio e internalización del tema a un nivel muy profundo. Este dominio te separará significativamente de aquellas personas que únicamente leyeron el libro o escucharon el audiolibro. Leer y escuchar el mismo libro tiene un efecto multiplicador y los resultados provenientes de la información y experiencias del mismo son altamente envidiables.

Los audiolibros también tienen el poder de hacerte más empático con diferentes tipos de personalidad ya que cada audiolibro tiene su propia voz y representa un buen adiestramiento para trabajar con la gente y sus diferentes cualidades. Un audiolibro es como un amigo que te ofrece buenos consejos sin esperar nada a cambio.

Los audiolibros también son flexibles. Puedes escucharlos prácticamente en cualquier lugar, ahora más que nunca como resultado de los grandes avances en la tecnología. Los audiolibros a su vez te ofrecen el beneficio de escucharlos mientras realizas otras tareas.

Literalmente puedes olvidarte del audiolibro y hacer lo que desees. El mero hecho de que el audiolibro esté sonando en algún lugar cerca de ti, garantiza que estará influenciando tu mente, aunque no estés atento a su mensaje de manera consciente.

Desafortunadamente lo opuesto también es correcto. Cuando existen mensajes negativos a tu alrededor, ya sea la televisión o la radio, aunque no le estés prestando atención, los mismos van debilitando tus ánimos con sus mensajes pesimistas y desconcertantes.

Es por eso que los audiolibros se consideran las vitaminas invisibles cuando los escuchas de manera regular, aunque no necesariamente les estés prestando atención. Es mejor poner un audiolibro cuando llegues a tu casa que encender la radio o la televisión y proceder a hacer tus tareas cotidianas. En poco tiempo el poder de los audiolibros comenzará a modificar tu vida de manera positiva. Esto debido a la buena influencia de los mismos.

Canal 3: La música

La música, más que ningún otro canal de motivación tiene el poder de transportarte de una frecuencia energética a otra de mayor poder. Todos tenemos nuestra preferencia musical. Es diferente en todas las personas.

Lo que no es diferente es su capacidad de elevarnos a un nivel superior de ánimo, representando esto un estado de motivación inmediata que podemos utilizar para realizar una gran cantidad de tareas.

Escuchamos música cuando limpiamos la casa, en la iglesia, cuando estamos en el carro de camino hacia nuestras labores, en la época navideña, cuando nos casamos, cuando hacemos ejercicios y hasta cuando deseamos llamar la atención en algún evento. Incluso hemos inventado un entretenimiento para acompañar la música. Se llama *bailar*.

Muchas empresas tienen hasta una *jingle* representativo de su marca. Esto se debe a que conocen el poder tan grande que tiene la música en las personas. Estoy seguro que puedes pensar en tu canción favorita y el sentimiento de motivación comienza a impregnar tu ser solo de pensar en la canción.

Así de fuerte es este canal de motivación. Utiliza la música para levantar tu estado de ánimo. Es la manera más rápida de automotivarte.

Canal 4: Lugares

Hay lugares llenos de energía especial que tienen el potencial de activar la motivación. Diferentes lugares motivan a diferentes personas. Los lugares representan memorias para nosotros y cuando estas memorias son positivas, visitar estos lugares activa los buenos recuerdos que tenemos del mismo, motivándonos.

Identifica aquellos lugares que tienen la particularidad de motivarte y visítalos de manera regular. Tanto el lugar como fotografías del mismo pueden tener el mismo efecto motivador en tu vida.

Canal 5: La gente

Existen personas que nos motivan, personas con quienes nos sentimos afines y cuyo trato para con nosotros nos eleva a un nivel de motivación especial. No es necesario conocerlos personalmente, podemos ser motivados por la historia de sus vidas, sus hazañas, sus libros, sus mensajes y sus logros.

Si tienes a alguien cerca, que te motiva, agradece tus bendiciones. Personas que genuina y profundamente pueden motivarnos, tienen un lugar muy especial en nuestras vidas. Sin embargo, no te limites, busca historias y anécdotas de personas que tengan el poder de elevar tu espíritu de manera instantánea. Mantén estas historias accesibles para utilizarlas en momentos de debilidad. Te darán la fortaleza necesaria para proceder con los grandes proyectos de tu vida.

Canal 6: Eventos

Algunos eventos en tu vida son esenciales para encaminarte por los procesos necesarios para comenzar a transformar tu vida. Los eventos no te cambian, pero sí cambian la dirección de tus esfuerzos.

Talleres, seminarios, clases, convenciones, programas y presentaciones son algunos de los eventos que nos exponen a pensamientos diferentes que nos hacen obtener claridad de pensamiento para tomar decisiones que alteran de manera significativa nuestra vida. Es vital incorporar la mayor cantidad de este tipo de eventos en nuestra vida para asegurar el encuentro con personas que pueden llevarnos al próximo nivel. También tenemos que buscar aumentar la calidad de los eventos en los que participamos.

Mientras más crezcamos, mayor será la calidad de los eventos y las personas a las cuales nos exponemos. Busca rodearte de personas que se mantienen creciendo de manera regular y consistente.

El tope de la calidad de las personas de las cuales te rodeas se convertirá prontamente en el tope de la calidad de tu vida. Identifica varias personas que puedan ayudarte a crecer en las diferentes áreas de tu vida y aprende cuál es la fuente de sus conocimientos y experiencias.

Luego estudia sus filosofías, sistemas y los procesos de los cuales se nutrió la persona que hoy admiras. Es importante conocer la base, el fundamento, los principios de los cuales tu mentor se ha nutrido para profundizar en el conocimiento que hoy te lleva a tus metas.

Miles de personas han recorrido caminos de excelencia y continúan trabajando en su desarrollo de una vida plena y llena de experiencias de crecimiento. Busca y encontrarás. La calidad de las personas por las cuales te dejas influenciar determinarán la calidad de tu vida y desempeño laboral.

Escoge sabiamente y recuerda que es imposible triunfar solo. Mientras más grande sean tus metas, mayor la cantidad y calidad de personas que necesitarás a tu alrededor.

¿Cómo aplico lo aprendido?

Liderazgo es Influencia

El liderazgo y la administración son dos disciplinas que se han confundido mucho a través de los tiempos. Esto es así porque muchas veces es la misma persona la que tiene que ejercer ambas funciones en una empresa u organización. Personas con responsabilidades de administración tienen que a veces liderar a su gente. En otras ocasiones, la persona encargada de liderar la organización, tiene que ejecutar funciones administrativas. Sin embargo, las destrezas y habilidades necesarias para desempeñarse en cada una de estas dos funciones son muy diferentes.

Liderazgo es influencia. Tan sencillo como eso. Ser líder no significa que soy jefe, ni que tengo empleados o que dirijo una organización. Líder es aquel que ejerce influencia sobre una o más personas. Lo más importante a entender sobre alguien que desee convertirse en un líder es que primero que todo tiene que ejercer influencia sobre sí mismo. Esa es una tarea muy difícil y es por eso que los líderes reales son muy escasos. Influencia sobre sí mismo significa practicar la disciplina en nuestra vida. Disciplina es la influencia que el líder tiene sobre sí mismo. Una persona que no puede disciplinarse en ciertas áreas de su vida, no puede liderar a nadie en esas mismas áreas de la vida.

Si no controlo mis impulsos y mis emociones, jamás podré controlar los impulsos y emociones de los demás. Por ende, en esta categoría no podré liderar a nadie. Si no controlo mi peso, jamás podré influenciar a otros a controlar su peso. Por ende, en esta categoría tampoco podré liderar a nadie. Si no controlo mis finanzas, jamás podré influenciar a otros a controlar sus finanzas. Por ende, en esta categoría no podré liderar a nadie. Si no controlo los aspectos administrativos de mi negocio, jamás podré influenciar a otros a practicar dichos aspectos administrativos. Por ende, en esta categoría no podré liderar a nadie. Si no controlo mi desarrollo personal y profesional, jamás podré influenciar a otros a incursionar en su desarrollo personal y profesional. Por ende, en esta categoría tampoco podré liderar a nadie.

Lo primero que tenemos que entender al momento de decidir convertirnos en un líder es que el trabajo principal soy yo mismo. Una vez logro eficientemente influenciarme a mí mismo, en otras palabras, disciplinarme a mí mismo, entonces estoy preparado para influenciar a otros. La influencia es un elemento de mucho poder. Aquellos que influencian no necesitan ni tan siquiera ocupar cargos o títulos importantes.

La gente siempre conoce quién es el líder real. Los títulos únicamente confieren autoridad, nunca influencia. La influencia no se puede comprar con un título. La influencia hay que ganársela. La influencia es la mayor expresión de respeto para con un ser humano.

Si la influencia es tan importante. Entonces, ¿cómo desarrollamos influencia? La manera más rápida y efectiva de desarrollar influencia es aportando a los demás. Si nuestro deseo es convertirnos en grandes líderes, tenemos que invertir nuestra vida en los demás. Esto es contrario a la noción prevaleciente de que los seguidores le sirven a sus líderes. Que quede claro que el que sirve es el líder y los que son servidos, son los seguidores.

Tenemos que invertir la pirámide de poder donde el líder se posiciona en el tope y los seguidores al fondo. Es todo lo contrario, los seguidores ocupan el tope y el líder está en el fondo sirviendo a sus seguidores. Mientras más grande sea el líder, mayor cantidad de personas tendrá que servir. Es por eso que ser líder no es una tarea fácil. El más grande de todos los líderes, Jesús, dio su vida por sus seguidores.

Eventualmente, el líder tiene que comenzar a convertir su seguidores en líderes por su propio mérito, para que estos pueden crecer la organización o empresa. Jesús comenzó con 12 apóstoles. Si tenemos la meta de alcanzar ingresos pasivos a través de la creación de una empresa, es vital desarrollarnos como líderes lo antes posible. El camino a desarrollarse como líder nunca termina. Cada día trae consigo nuevos retos y oportunidades. No obstante, mientras vamos acelerando nuestro crecimiento, vamos a su vez incorporando personas a nuestro equipo, personas que también se van desarrollando y nos permiten la ventaja de duplicar nuestros esfuerzos.

La mayor bendición que puede tener una persona es formar parte de un equipo que está en constante crecimiento. Los equipos en crecimiento ofrecen la ventaja del *momentum*. Este puede contrarrestar todas las barreras que se encuentre en su camino sin requerir necesariamente de mucho esfuerzo. El esfuerzo está en crear el *momentum*. Una vez creado, este corre como si estuviera en piloto automático. Mantenerlo es también una tarea sencilla. Es aquí donde se capitaliza en todos los esfuerzos realizados para arrancar el negocio u organización. Una parte importante de las responsabilidades de un líder es precisamente mantener el *momentum* de la organización.

Tenemos que monitorear de manera regular cuánto estamos aportando a los demás. Una buen práctica es anotar quiénes son las personas que están recibiendo nuestra aportación y el tipo de aportación que reciben. Recuerde aportar con el fin genuino de cooperación. Aportar de manera manipulativa, conociendo que eventualmente recibirá su recompensa, terminará en resultados frustrados. El líder real tiene que tener un corazón noble, no una agenda escondida donde su único objetivo es el beneficio personal. Aquí es donde fracasan la mayoría de las personas que desean convertirse en líderes. El beneficio llegará. Éso es inevitable. Sin embargo, la motivación no puede ser el beneficio, sino la aportación genuina a los demás.

Es imposible crear una empresa sostenible si usted no se convierte en un líder. Convertirse en un líder le dará la fortaleza mental y espiritual necesaria para manejar las muchas situaciones retantes que enfrentará. Desarrollar líderes le facilitará el crecimiento de su empresa a la vez que hace una aportación magnánima a su equipo.

Mientras mejores sean los líderes que desarrolle, mejores serán sus sistemas operacionales, sus ganancias y sus negocios en general. No tema perder en algún momento a un integrante de su equipo. Cuando desarrolla grandes líderes, en vez de perder a un integrante de su equipo, estará ganando a un aliado de por vida. Si mantiene su enfoque en la aportación que hace a los demás, jamás tendrá que preocuparse por su estatus como líder. La influencia que emanará de su ser se encargará de mantener todas las cuentas en orden.

¿Cómo aplico lo aprendido?

La Credibilidad de la Palabra

La mayoría de las personas desean en algún momento en su vida ser líderes. En otras palabras, haber logrado avanzar en su crecimiento, lo suficiente como para compartir sus experiencias con otros y ayudarlos a crecer. Si liderazgo es influencia, el deseo de un líder, conocedor sobre el tema de liderazgo, es aumentar su influencia dentro de su industria, organización o disciplinas que representen su entorno social y laboral.

Uno de los elementos más importantes para alcanzar esto es a través del desarrollo de la credibilidad. Esta es la base del liderazgo. Sin credibilidad no se puede lograr la influencia. Para alcanzar credibilidad tenemos que trabajar incesantemente con nosotros. Hoy más que nunca es muy fácil ser presa de situaciones que tienen el potencial de minar nuestra credibilidad. Es una cualidad muy frágil.

La distinción de un líder real es su aptitud para que de manera consistente incremente y solidifique su credibilidad para con los demás. Logramos esto de varias maneras. La principal y por mucho, la más importante, es la palabra. Nuestra palabra tiene que ser impecable. No debe existir otra manera de ser. Esto requiere que pausemos y pensemos antes de comprometernos con cualquier actividad, tarea o acción a tomar. Si existe la menor posibilidad de no poder hacer lo que se requiere de usted, no se comprometa.

Nuestros abuelos utilizaban el gesto del apretón de manos para indicar que su palabra no iba a ser violentada. Todavía existen personas quienes practican esta disciplina, pero son muy pocos. Un apretón de manos valía más que cualquier firma en un documento. Debemos retomar este tipo de actitud ante la vida.

Nuestra palabra es nuestra firma. Las palabras que pronunciamos tienen gran poder y deben utilizarse con cautela. No podemos ser casuales en nuestro uso de la palabra. Tenemos que ser sabiamente formales. Una buena práctica es reflexionar al final del día sobre mis compromisos y promesas. Identificar si he cumplido con todo lo que he prometido cumplir y en el tiempo en que el cual me comprometí hacerlo. Inicialmente, es probable que observes que fallas en algunas cosas. Este es el momento perfecto para cumplir tu promesa, asumiendo que las condiciones lo permitan.

Esfuérzate en no dejar para el próximo día el cumplimiento de tu promesa o compromiso. Eventualmente notarás que comienzas a comprometerte menos y menos cada vez. La realidad, es que muchas veces nos comprometemos más de lo que razonablemente podemos lograr. Precisamente esta es la importancia de reflexionar al final del día e identificar si has atendido todas tus tareas y promesas según fue tu intención. Utilizar una agenda donde mantengas por escrito tus compromisos es de gran ayuda. Esto representa un documento formal y permanente que te apoyará a mejorar cada vez más en el cumplimiento de tu palabra y pulir la impecabilidad de la misma.

La falta de puntualidad es otro elemento que amenaza la credibilidad de todo líder. En esencia, la impuntualidad es lo mismo que no cumplir tu palabra. Cuando se establece una cita o compromiso a una hora en particular, básicamente estás empeñando tu palabra indicando que estarás en el lugar a la hora establecida. No llegar a tiempo es lo mismo que no cumplir con tu palabra. Hoy día es muy fácil ser puntual. Los avances tecnológicos nos permiten la oportunidad de realizar muchas tareas fuera de la oficina.

Previo a todos estos avances en la tecnología era mandatorio o por lo menos prudente estar en la oficina para resolver la multitud de asuntos que debemos atender a diario. La facilidad de poder hacer estas tareas fuera de la oficina nos permite salir a nuestras citas y compromisos sin el temor de no poder atender nuestras responsabilidades de trabajo. Cada vez más y más se simplifica nuestra facilidad para ser puntuales. No es una cuestión de la facilidad que tenemos para lograrlo, sino una decisión muy personal de mejorar en ese aspecto y eliminar de nuestro vocabulario expresiones tales como: "es cultural". Definitivamente es cultural. Esto significa que lo hemos aprendido de nuestro pasado, en nuestra cultura. Sin embargo, no es profesional. Usted probablemente no encontrará a una persona que haga negocios con un apretón de manos que a su vez no sea puntual.

Existe otro elemento importante a considerar al momento de establecer credibilidad como líder. Este elemento es la autoestima. Cuando cumplimos con nuestra palabra, la misma fortalece nuestra autoestima. Pocas cosas afectan adversamente la autoestima como faltar a nuestra palabra. Aún cuando no exista a nivel consciente el conocimiento de que esto es así, cuando faltamos a nuestra palabra, se deteriora nuestra autoestima.

Es importante, a un nivel espiritual, sentirnos que valemos. Que nuestra palabra, vale. Que nuestras acciones, cuentan. Que honramos nuestros pensamientos. Todas las disciplinas se afectan entre sí. Todo lo que hacemos o dejamos de hacer afecta otras áreas de nuestra vida. Cuando logramos internalizar este hecho, comenzamos a darle prioridad a las cosas más pequeñas de la vida. El que algunas cosas sean pequeñas, no significa que carecen de su efecto en otras más grandes. Es por eso que no podemos desatender detalle alguno al momento de rectificar nuestras acciones con el fin de convertirnos en líderes poderosos con gran influencia.

Una vez creamos la conciencia de lo importante de TODAS nuestras acciones, pensamientos e intenciones, comenzamos a enfocarnos en lo que son nuestros valores. Un valor es algo que se valora. La sociedad dicta valores a seguir. No obstante, los valores más importantes son aquellos que llevamos arraigados dentro de nuestro ser. Estos pueden ser similares a los aprendidos durante nuestra vida, pero muchas veces, con la madurez, le damos un giro a los valores de manera tal que personifiquen el ser en el cual nos hemos convertido. Esto es lo que va a diferenciarnos como líderes.

Para lograr que crezcamos, crecer nuestra empresa y crecer a otros, tenemos que solidificar nuestro carácter hasta lograr que nuestra credibilidad sea impenetrable. Aplicando las sugerencias aquí mencionadas, comenzamos la ruta del éxito, la ruta del crecimiento y marcamos el legado a seguir para aquellos que se beneficiarán en el futuro de nuestras acciones presentes.

¿Cómo aplico lo aprendido?

Organízate para Desaprender

Un líder, por lo general, tiene su agenda sumamente cargada. Mientras más cosas logra hacer un líder, más cosas tendrá que hacer. Parte del trabajo de crecimiento de un líder es desarrollar su habilidad para completar tareas incrementalmente más complejas y numerosas. Esto requiere una excelente organización. Mientras mayor sea el deseo de crecer, mayor la necesidad por sistemas organizacionales, tanto operacionales, como físicos. Un área de trabajo organizada fomenta el rápido crecimiento y disminuye la probabilidad de errores y atrasos.

El objetivo de esta lección es invitarle a inspeccionar todas las áreas físicas que influyan en la realización de negocios. En realidad, son todas las áreas de su vida. Observe su oficina desde el punto de vista de un visitante. ¿Qué dice su escritorio? ¿Qué dicen las paredes y su decoración? ¿Cuál es la condición de la pintura de las paredes interiores y el edificio en su exterior? Abra las gavetas de su escritorio y los gabinetes de archivo. ¿Cómo organiza sus documentos? ¿Cómo se ven sus documentos originales? Asegúrese de que no luzcan como copias o como un documento enviado a través de facsímil.

Aunque parezca extraño, revise su clóset personal e identifique la ropa que no se haya puesto durante un año. Considere donar la misma. Examine la condición de todas las piezas restantes y evalúe si tiene que descartar o reparar alguna. Contemple la posibilidad de crear un uniforme para su negocio. Los uniformes ahorran mucho dinero a la vez que le ofrece a su empresa la oportunidad de presentar una imagen consistente.

Revise su automóvil. Remueva aquellos artefactos o accesorios que carecen de utilidad. Incorpore una caja de herramientas para su trabajo. Asegúrese de estar siempre preparado para realizar la mayoría de las gestiones de su negocio sin tener que distraerse o desviarse demasiado. Mantenga una cantidad razonable de tarjetas de presentación, al igual que material promocional complementario.

Comience a inspeccionar su hogar para completar aquellas tareas que se han quedado sin hacer. Desarrolle una agenda de mantenimiento preventivo. Esto le ahorrará mucho dinero y mantendrá su hogar luciendo siempre fresco y actualizado. Uno de los costos más grandes del hogar (y de cualquier tipo de propiedad) es la realización de reparaciones que se han pasado de su vida útil.

Ahora mírese en el espejo. ¿Qué reparaciones o mejoras aún no ha realizado? Tal vez ha deseado cambiar su estilo de recorte de cabello. ¿Qué dice su postura? ¿Cuál es su lado de perfil más vistoso? Todos tenemos un lado ganador y otro casi ganador. ¿Cómo le queda la ropa? ¿Utiliza el tamaño correcto? ¿Utiliza colores que complementan su tez? ¿Cuál es la forma de su rostro?

El elemento importante a considerar aquí es la interrelación de todos los aspectos de nuestra vida y entorno físico. No confunda este tema con una actitud superficial, sino un dominio de la relación entre aquellos aspectos intangibles y los otros tangibles de nuestra vida. No podemos separar estas dos realidades. Cada una de ellas se alimenta de la otra. Cuando cambiamos en nuestro interior, cambiamos también en nuestro exterior y viceversa.

A través de la realización de los ejercicios aquí mencionados, comenzamos a clarificar nuestra vida y abrimos paso a aquellas cosas en las que debemos incursionar para solidificar nuestra posición como líderes. La meta es una dual. Desarrollarnos a un nivel donde logramos producir de manera superior, descargándonos a su vez de aquellas cosas que nos atan al pasado o desaceleran nuestro progreso. Los barcos tienen que ser removidos del agua para quitarle la costra y la escoria acumulados durante sus largos viajes. Se remueve todo tipo de residuo adherido al mismo y se lija cuidadosamente antes de aplicar una nueva capa de pintura. Finalmente se cubre con un sellador especial que lo equipa para volver al mar.

Todo este trabajo resulta en un barco mas ágil que puede navegar con mayor rapidez y fluidez casi como si fuera nuevo. Lo mismo debe ocurrir con nosotros cada cierto tiempo. Tenemos que remover aquello que nos atrasa, lo que nos detiene y descartarlo por completo. Luego aplicar cosas nuevas que nos ayuden a acelerar el proceso de logro de nuestros objetivos.

Una de las tareas más arduas de todo líder es aprender a desaprender. Si bien es importante aprender nuevas cosas para aplicar a nuestro desarrollo personal y profesional, también es vital desaprender aquello que nos detiene, lo que nos limita. Es más fácil aprender algo nuevo que deshacerse de viejos hábitos, costumbres y prácticas. Para esto es recomendable solicitar la asistencia de un mentor que pueda ver objetivamente nuestra condición actual y cómo podemos mejorarla. Es muy difícil crecer solo.

Rodéate de personas que tengan un interés genuino en tu crecimiento. Si tienes la oportunidad de contar con varias personas, mejor aún. Comunícales que estás incursionando en un programa de mejoramiento y que te gustaría que de manera regular conversen para recoger su retroalimentación. Esta relación debe ser de tipo *segura*, donde puedes abrir tu corazón sin que te hieran. No deben existir celos por tu éxito, ni un ambiente de competencia contigo.

El crecimiento de un líder va de la mano con su capacidad para delegar aquellas tareas que no representan el mejor uso de su tiempo. Se establece esto a través de la identificación de talentos y debilidades. Un líder debe enfocar sus esfuerzos en trabajar para mejorar sus talentos a la vez que delega o contrata sus debilidades. Según va creciendo un líder, sus tareas van disminuyendo en cantidad y aumentando en calidad.

Mientras más grande es el líder, menos cosas hace, pero las que hace, las hace mejor cada día. Es por eso que es importante organizar tu vida para ir abriendo espacio para el crecimiento especializado. Profundizar en tus objetivos y ayudar a otros a crecer y lograr los suyos debe ser tu prioridad. Date a la tarea de regularmente reflexionar sobre el progreso que estás logrando, compártelo con otros que te desean bien y ayuda a otros a hacer lo mismo. Ese es el camino del líder. Ese es el objetivo universal.

¿Cómo aplico lo aprendido?

Un Líder es Intencional

Un líder es intencional. Una característica indeleble de todo líder es la manera intencional con la que dirige su vida. Las cosas no ocurren por casualidad. El crecimiento no llega a tu vida. El éxito no aparece repentinamente. Todas estas cosas tenemos que planificarlas y tomar acción de manera consistente para alcanzar nuestros objetivos.

Todos conocemos la historia de la oruga que con el tiempo y como parte de su crecimiento evolutivo se convierte en mariposa. Es una excelente lección que nos ofrece la naturaleza para que la apliquemos a nuestra vida. Independientemente de la situación en la cual nos encontremos hoy día, tenemos el potencial y la capacidad de convertirnos en algo más grande, en un ser totalmente majestuoso. Voy más allá. En mi opinión, tenemos la obligación de buscar incesantemente maneras de mejorar más y más cada día. Esto es una iniciativa de por vida. Es más, esto es lo que llamamos *vida*.

Esto nace de nuestra tarea principal en la vida que es aportar a los demás, añadir valor a los demás, ser de utilidad para con los demás y buscar siempre de manera genuina el bienestar ajeno antes de asegurar nuestro propio bienestar. Esta tarea no es fácil ya que por naturaleza tendemos a ser egoístas y pensar primero en nosotros y después (si sobra tiempo) en los demás. Esa es precisamente la razón por la cual la mayoría de las personas (sobre el 95% de la población) no tienen éxito en la vida. Cambiar el enfoque de "mí" hacia "los demás" requiere una madurez emocional especial que no nace naturalmente, hay que desarrollarla y este es uno de los mayores retos a los cuales nos enfrentamos en la vida. No obstante, una vez logrado, brinda abundancia, seguridad y gozo a nuestro ser. ¿Recuerdan la historia de la oruga que les mencioné? Una vez convertida en mariposa, jamás volverá a revertirse y ser oruga. Esta es la promesa del desarrollo personal.

Cuando nos comprometemos con nosotros y trabajamos de manera intencional para alcanzar nuestros objetivos, ese crecimiento que paulatinamente vamos desarrollando se convierte en parte integral y permanente de nosotros. Nada ni nadie te lo podrá quitar jamás. Te pueden quitar todo tu dinero, todas tus pertenencias, puedes perder amistades, familiares, propiedades hasta quedarte sin nada en la vida. Sin embargo, el crecimiento personal y profesional que has desarrollado hasta el momento será tuyo para toda la vida.

Si en algún momento tuvieras la desafortunada situación de perderlo todo, estarás perfectamente capacitado(a) para comenzar. Esta vez con más fuerza y de manera más rápida que antes. Es por eso que dicen que si se tomara todo el dinero del mundo y se distribuyera en partes iguales entre todas las personas, tomaría entre 5 a 7 años en regresar al lugar donde estaba antes de haber sido distribuido. Esto es así porque los que tenían mucho dinero se encargarán de recuperarlo (ya que su crecimiento personal y profesional los ha llevado a ese nivel). Los que no tenían nada, perderán aquello que recibieron (ya que su falta de crecimiento personal y profesional los mantendrá incapaces de retener aquello que recibieron). Un mensaje similar nos relata la Biblia en su parábola de los talentos.

Ser intencional en nuestro proceder es complicado, inconveniente y causa mucho trabajo. Es por eso que muy pocos se dedican a vivir una vida intencional. Una vez una persona fue a visitar a la Madre Teresa en Calcuta para llevarle una donación monetaria de parte de una fundación. Al llegar al lugar, Madre Teresa estaba bañando a un leproso y el visitante, impresionado ante tal descomposición del cuerpo, le dijo a la Madre Teresa: "Yo no bañaría a un leproso ni por un millón de dólares". Madre Teresa dijo: "Yo tampoco". A un leproso no se baña por dinero, sino por amor.

Es ese tipo de amor por los demás el que nos hace crecer como líderes. No amor romántico, sino un amor que representa nuestro deseo de aportar a los demás conociendo que el Todopoderoso en su infinita sabiduría ha diseñado el mundo de manera tal que el mayor beneficio para los seres humanos está atado directamente con su aportación a los demás. Este es el concepto más poderoso que podemos aprender en nuestra vida.

Todo lo que nos llega, es un reflejo exacto de nuestra aportación a los demás. Tan poderoso es este concepto que el mismo aplica aún en circunstancias negativas. Los narcotraficantes generan una cantidad enorme de dinero y esto es un reflejo de la gran aportación que hacen a personas con vicios.

El hecho de que ser vicioso sea algo negativo y que las drogas destruyan al mundo, no le resta valor a la aportación real que realiza un narcotraficante para *curar* al vicioso. Antes los ojos del vicioso, *curarse* tiene mucho valor. Tan es así que los viciosos está dispuestos a hacer cualquier cosa para atender su situación.

Es triste ver que un ser humano haya sucumbido a los efectos de las drogas. A través de la creación de empresas exitosas podemos rescatar muchas vidas mediante el ofrecimiento de alternativas de vida y prevenir que tantas otras caigan en el vicio en el futuro. Es por eso que nuestra responsabilidad como líderes es vital y urgente y entender que primero aporto a los demás y luego llega lo que deseo es de vital importancia.

Decreta hoy vivir tu vida de manera intencional. Dedicarte a hacer aquello que aporta a los demás, conociendo que es la razón principal para ser un empresario(a) y que todo lo que hagas tenga una razón de ser, tenga una intención, tenga un porqué, no como manera manipulativa, sino como una estrategia de éxito en los negocios y en la vida.

¿Cómo aplico lo aprendido?

_____

_____

_____

_____

_____

_____

_____

_____

_____

_____

_____

_____

_____

_____

Cuatro Áreas a Dominar

Toda persona deseosa de convertirse en un líder poderoso tiene que dominar cuatro áreas principales en su vida. La primera de estas es la habilidad de manejar *las relaciones*. Estas son parte integral de la formación de un líder. Las personas nunca abandonan compañías, organizaciones, ni grupos; simplemente abandonan a otras *personas*. Aquellas personas que son abandonadas son las que han sido incapaces de establecer relaciones efectivas.

Muchas personas tienen grandes ideas, mucho entusiasmo, gran talento, pero carecen de uno de los ingredientes principales del éxito en los negocios; la capacidad de establecer relaciones con gran influencia en las acciones y desempeño de las personas. Para ser eficiente en el manejo de las relaciones, tenemos que primero que todo, conocer las distinciones de los diferentes tipos de personalidad (ver página 205). Luego hay que darse a la tarea de identificar la personalidad de aquellos integrantes de tu equipo o compañeros de trabajo. Entonces podrás asignar y delegar tareas que son cónsonas con la personalidad de cada uno de los integrantes de tu equipo.

La segunda área a dominar es la habilidad de *equipar* a las personas a tu alrededor. Una de las principales funciones de un líder es preparar, educar, adiestrar y capacitar a los demás, de manera tal que las tareas de la organización se lleven a cabo exitosamente y con excelencia. Un líder tiene que identificar cuáles son las herramientas y conocimientos específicos de su industria u organización y asegurarse de que su equipo se mantenga siempre a la vanguardia de la industria. Una muy sabia estrategia es visitar y frecuentar eventos de otras industrias para incorporar ideas que pudieran ser transformadoras, aunque en otras represente únicamente la manera normal de hacer negocios.

Pocos líderes realizan el esfuerzo de aprender de otras industrias. Es por eso que su crecimiento y desarrollo carece de *momentum*. Incorporar ideas y estrategias de otras industrias es una de las maneras más rápidas y económicas de crecer y fortalecer tu negocio.

La tercera área a dominar es tu *actitud*. Todos enfrentamos grandes retos en nuestra vida. No obstante, es nuestra capacidad para manejar los mismos con una actitud positiva y con intención de resolver situaciones y no frustrarse por estas, lo que representa un líder emocionalmente maduro. Si el líder no puede manejar las situaciones que le acontecen a diario, muy pronto observará que su equipo se desvanece, abandonando la organización.

Las personas necesitan tener a alguien en quien apoyarse durante momentos difíciles y de grandes retos. Es por eso que parte de la tarea de un líder es involucrarse en un plan de desarrollo personal y profesional que lo mantenga creciendo y fortaleciéndose todo el tiempo para cuando lleguen los momentos difíciles afrontarlos con su coraza de carácter que ha ido forjando a través del tiempo.

La cuarta área a dominar de todo líder es su *visión*. Existen muchas personas dispuestas a trabajar duro para lograr sus objetivos. Lo que escasea son personas capaces de fijar claramente lo que esos objetivos deben ser. Es ahí donde el líder tiene que dar un paso adelante y asegurarse de presentar su visión de manera que su equipo se sienta cómodo con la dirección de la organización. Esta visión tiene que ser reforzada todo el tiempo y el líder asegurarse de que todo paso que se tome en la organización sea en dirección de los objetivos trazados por el líder. Este también tiene que revisar su visión para identificar la mejor manera de alcanzar la misma. Es responsabilidad del líder delinear un plan claro y estratégico de cómo mantenerse en dirección de la visión. Una visión es un ideal que nunca se alcanza, no es una meta.

La visión es como la brújula que nos indica hacia donde ir y qué camino seguir para alcanzar los objetivos y metas de la organización. La visión es la inspiración que nos ayuda a seguir siempre adelante. La visión debe ser revisada a intervalos para asegurarse de que aún está cumpliendo su propósito de ser. La misma puede ser revisada y actualizada con el cambio de los tiempos. Existen algunas preguntas que todo líder debe hacerse para identificar si va por el camino correcto. Algunas de ellas las mencionamos a continuación:

¿Puedo hacer una diferencia?
La respuesta a esta pregunta nos dejará saber si en realidad debemos embarcarnos en la aventura de liderar. Si la respuesta es negativa, no tiene sentido invertir tiempo, recursos y energía en algo en lo que no podré hacer una diferencia. La única razón para liderar un esfuerzo es conocer que en realidad SÍ puedo hacer una diferencia.

¿A quién puedo ayudar?
Todo esfuerzo de liderazgo tiene que estar atado a ayudar a alguien o algo. Esto no puede ser un esfuerzo al azar. Tiene que existir una persona, organización o proyecto específico por el cual se trabaja. Si no existe la posibilidad de ayudar, entonces no existe razón para liderar. Un líder es un servidor.

¿Cómo puedo ayudar?
Una vez identificada la causa que puedo ayudar, debo tener claridad con respecto a cómo exactamente puedo ayudar. Involucrarse en ayudar sin conocer cómo se hará es una pérdida de tiempo. Es menester conocerme para ser intencional en el esfuerzo de liderazgo.

¿Cómo puedo añadir valor?

Si tenemos que escoger una tarea principal dentro de todas las anteriores esta será la capacidad de añadir valor a otras personas. Añadir valor, más que ninguna otra habilidad, determinará mi capacidad para crecer como líder y aportar genuina y abundantemente al mercado y la economía.

La riqueza y abundancia de las personas está directamente atada al valor que pueden llevar al mercado. Usted puede ser un excelente ser humano de mucho valor antes los ojos de Dios. No obstante, el valor del cual estamos hablando es un valor del cual el mercado puede beneficiarse, económicamente hablando. Es este valor el que determinará su posición en el mercado y cuán rentable es su empresa.

Todos tenemos la responsabilidad de convertirnos en grandes líderes. Sin importar el tamaño de su empresa u organización, su capacidad para liderar efectivamente lo establece la manera con la cual maneja estos elementos aquí presentados. Practíquelos de manera regular y escoja por lo menos un área a la semana y decida observarla y dominarla hasta que la misma se convierta en parte de su ser.

¿Cómo aplico lo aprendido?

Los Valores de un Líder

Tus valores determinan tu compromiso. No podemos completamente comprometernos con algo que no es importante para nosotros. No podemos completamente comprometernos con algo que no representa quiénes somos. Por lo tanto, al momento de decidir cuáles son aquellas cosas con las cuales nos vamos a comprometer, tenemos que primero que todo conocer si es algo que en realidad llevamos arraigado dentro de nuestro corazón.

Muchas veces nos involucramos en actividades y responsabilidades que no son cónsonas con nuestros valores más profundos. Esto no significa que dejemos de aportar en situaciones donde solicitan nuestra ayuda. Todo lo contrario, tenemos que identificar de qué manera podemos aportar en todas las situaciones, manteniéndonos dentro de un marco que salvaguarde la integridad de nuestra identidad. Cuando nos comprometemos con aquellas cosas que son importantes para nosotros, gozamos de la ventaja de una energía especial para ejecutar con excelencia.

A veces hablar de valores puede ser un esfuerzo inútil. Es un concepto un poco abstracto. Es por eso que es importante clarificar lo mejor posible lo que representan nuestros valores. Valor es exactamente lo que la palabra indica; aquello que valoramos. Parece sencillo, pero no siempre lo es. Tenemos que primero hacer el ejercicio de escribir detalladamente cuáles son las cosas que pensamos que valoramos, luego al lado de cada valor identificado, tenemos que detallar por qué lo valoramos. Es precisamente cuando puedo identificar el por qué lo que le da claridad a mis valores y entonces podemos movernos de un ambiente abstracto a uno tangible. Ya lo decía elocuentemente Roy Disney "cuando los valores están claros, la toma de decisiones es fácil". Este es uno de los conceptos de liderazgo más poderosos jamás formulado.

La importancia de tener claridad con respecto a las decisiones a tomar representa una de las destrezas más importantes para todo líder. Sin claridad de pensamiento no podemos liderar eficientemente. La claridad es la que nos permite crear la visión de futuro que deseamos en nuestra vida y también la que facilita identificar si aquello que estoy haciendo en este momento me lleva por el camino correcto hacia la obtención de mis metas y objetivos.

No es posible clarificar el pensamiento sin un debido proceso de instrospección. Este proceso requiere de manera no negociable, sentarse con calma a escribir a puño y letra lo que consideramos son nuestros valores. Este ejercicio tampoco se hace de una sentada. Hay que revisar y actualizar de manera regular aquello que hemos escrito, basado en lo que estamos viviendo. Pasará cierto tiempo en lo que comenzamos a internalizar cuáles son realmente nuestros valores, mientras descartamos y tachamos de nuestra lista algunas de las cosas que habíamos escrito que ahora entendemos claramente que no tienen la importancia que una vez pensamos.

Un líder tiene que estar frecuentemente frente a su gente. Un líder es la cara de la organización. Aunque la exposición social del líder es imperativa, más importante aún es su tiempo a solas. Mientras más grande sea el líder, más importante será su tiempo a solas. El líder no puede ver el tiempo a solas como un desperdicio. Todo lo contrario, el tiempo a solas es tiempo para crear el futuro, para reflexionar sobre el pasado y para evaluar el presente. Esta es una tarea que no es delegable. Esto es lo que separa al líder de los demás. La capacidad de reflexionar y evaluar la vida y los negocios es la base de toda construcción poderosa. Construcción de empresas, construcción de industrias, construcción de imperios. Todo imperio terrenal tiene que ser primero un imperio mental. No puede ser de otra forma. El tiempo a solas nos permite crear y desarrollar ese imperio mental para luego materializarlo en el mundo terrenal. Esta es la tarea de un líder.

En el proceso de crear y desarrollar nuestro negocio habrá momentos en los que fracasemos. Fracasar es parte del proceso de aprendizaje y ciertamente parte del camino hacia el éxito. Es más, aquellos que han tenido mucho éxito serán los primeros en confesarte que han fracasado mucho. La diferencia estriba en cómo se mira al fracaso. Este puede destruir la vida de algunas personas, al igual que construir y solidificar la vida de otros. Es una cuestión de actitud hacia la vida basada precisamente en nuestros valores. Es por eso la importancia de identificarlos lo antes posible.

Este tema me recuerda la anécdota de los dos hermanos que procedían de una familia con muchos problemas. Su padre era alcohólico y sus hijos se criaron viendo a su padre sucumbir a la bebida todos los días de su vida. De adultos, uno de los hijos se convirtió en un empresario sumamente exitoso, mientras que el otro se convirtió en un alcohólico igual que su padre. Cuando le preguntaron a los dos porque habían terminado de esa manera, ambas respuestas fueron idénticas: "de qué otra manera pude haber terminado, con un padre como el que tuve". Nuevamente, es una cuestión de actitud y decisión con respecto a lo que deseo en la vida.

Todos tenemos muchos sueños, todos tenemos grandes metas y objetivos por lograr. Queremos que nuestra vida sea mejor que la vida que hemos tenido hasta el momento. Esto es perfectamente natural y debe ser el ritmo normal de la vida. Siempre progresando y creciendo como seres humanos y profesionales. El Todopoderoso desea exactamente lo mismo. El Todopoderoso desea lo mejor para nosotros. No obstante, en su infinita sabiduría conoce que es a través de los retos y tribulaciones que podremos crecer y retener nuestro crecimiento de manera permanente. Es muy similar a la analogía de darle pescado al hambriento o enseñarle a pescar.

Todos sabemos que si le enseñamos a pescar a la persona, podrá resolver su situación no únicamente hoy, sino todos los días de su vida. Lo mismo ocurre con nosotros. Mientras no aprendamos las lecciones de vida de manera permanente, continuaremos tropezando con aquello que pudiéramos tildar de fracaso cuando en realidad es un indicador de que estamos peregrinando por el camino de la vida y en realidad estamos progresando. Si estuviéramos inertes, no tendríamos ningún tipo de tropiezo en el camino, porque no estaríamos caminando por el camino. Es nuestro caminar el que a veces revela tanto nuestras imperfecciones como las imperfecciones del camino.

Enfócate en conocer de manera intencional los valores que rigen tu vida. Separa tiempo regularmente para estar a solas y trabajar en lo más importante de tu vida, tu ser. Luego con la claridad de pensamiento resultado de esta actividad comenzarás a avanzar más rápidamente hacia la vida que siempre has deseado vivir, dejando un legado de excelencia y una enorme cantidad de logros y contribuciones que finalmente le darán sentido a tu vida. Comienza hoy.

¿Cómo aplico lo aprendido?

_____

_____

_____

_____

_____

_____

_____

_____

_____

_____

_____

_____

Confianza y Credibilidad

Un estudio realizado a nivel internacional reveló que la mayoría de las personas confían más en un extraño, a quien nunca han conocido, que en su propio jefe. Imagínense, la falta de conocimiento con respecto a lo que representa ser un líder, la falta de conocimiento con respecto a las acciones que debo tomar para ejercer influencia en los demás, la falta del comportamiento adecuado para crear confianza y credibilidad es tan grande que nos lleva a una estadística real como la que aquí mencionamos.

No solamente es muy triste conocer esto, sino que es a su vez muy revelador. Si no gozamos de la confianza y credibilidad de aquellos más allegados a nosotros, jamás podremos crear organizaciones exitosas. Es por eso que la mayoría de las organizaciones luchan toda su vida por mantenerse a flote, en vez de crecer de manera consistente y de manera natural.

Toda organización tiene un proceso de vida idéntico al de las personas. Estas nacen, crecen, se desarrollan y maduran al igual que las personas. Por eso se les conoce como "personas jurídicas". La única diferencia es que estas no son *seres humanos*. No obstante, su proceso de vida es el mismo.

Una ventaja de las organizaciones es que estas pueden durar más años que los seres humanos, aunque en la vida real, la mayoría dura mucho menos. Esto es así precisamente por el desconocimiento de lo que representa ser un líder y su consecuente falta de aplicación de los principios que rigen una vida exitosa; en este caso, la vida de la empresa.

La confianza hacia la empresa y su líder o líderes regula la habilidad para hacer las cosas, la unión de los equipos, la innovación, el desempeño, la imagen de la institución y crecimiento de la misma. El nivel de confianza que la gente tenga en usted determina el grado de influencia que permitirán que usted tenga sobre ellos.

La gente, de forma inconsciente, da exactamente lo que perciben que reciben de su líder. Ni más, ni menos. Es el líder el que tiene que dar más. Es el dar más lo que hace al líder. Por años se ha debatido el tema del huevo y la gallina. Qué viene primero: ¿el huevo o la gallina? Con respecto al liderazgo, no hay duda alguna. Primero, el que desea ser líder, tiene que adquirir influencia, luego se convierte en líder. No se puede ser líder sin tener influencia. Sí se puede tener autoridad. La autoridad es el resultado de un cargo o título. La autoridad no te confiere influencia. La autoridad no te confiere poder. Es únicamente la influencia la que te confiere poder.

En el mundo laboral aquellos que tienen autoridad pueden ejercer poder sobre los demás, pero únicamente mientras estos estén sometidos al régimen laboral. Es por eso que el mejor lugar para probar tu liderazgo es en organizaciones sin fines de lucro, donde se trabaja con voluntarios. Cuando aquellas personas que son voluntarios, están dispuestos a seguirte como líder, has alcanzado realmente el pináculo de lo que representa el liderazgo real, el liderazgo natural, el liderazgo orgánico.

La confianza es la base de toda relación. Un líder tiene que primero que todo darse a la tarea de solidificar su base de confianza con aquellos que aspira a influenciar. No obstante, el líder tiene que tomar el riesgo de ser el primero en confiar en los demás, antes de que estos estén en la disposición de confiar en él o ella. El líder tiene que aprender a abrirse a los demás, conociendo que en ocasiones será sujeto a desilusiones y tal vez hasta frustraciones. Siempre que se confía en otros, estamos tomando un gran riesgo. Sin embargo, el mayor riesgo que puede tomar un líder es el de NO confiar plenamente en su equipo. Se arriesga a no quedar bien, no lograr las metas, no alcanzar las ganancias proyectadas y al fin se arriesga perder todo por lo que uno ha luchado toda su vida. Es por eso que ser líder requiere una madera especial. Una especie de armadura cuya resistencia será probada una y otra vez a través del tiempo.

Por esta razón, el líder tiene que temprano en su carrera, aprender a identificar personalidades, talentos y habilidades. Una vez hubo un anuncio de periódico de parte de una cadena de hoteles que comunicaba lo siguiente: "Nosotros no adiestramos a nuestra gente para que sean agradables; nosotros reclutamos gente agradable." Esta distinción es de suma importancia y refleja la actitud correcta que debemos de tener al momento de crear un equipo ganador.

Se dice que la gente nunca cambia, únicamente pueden mejorar un poco su disposición natural de vida. Aquello con lo que vinimos a este mundo, estará con nosotros hasta el final. La educación y adiestramientos adecuados pueden mitigar en parte esa disposición natural con la que nacimos. No obstante, jamás se podrá modificar por completo. Pensar que podemos cambiar a la gente es el error más grande que un líder puede cometer.

Tenemos que darnos a la tarea de identificar cuáles son las cualidades que hacen de una persona un gran líder en nuestra industria. Luego, tenemos que buscar a esa persona. Afortunadamente, una vez tenemos claridad con respecto al tipo de persona que como líderes queremos tener en nuestra organización, el universo se encarga de ponerlos en nuestro camino.

Ese elemento de claridad que tanto hemos discutido es fundamental en nuestro desarrollo como líderes. Claridad de pensamiento, claridad de lo que representa ser un líder de excelencia, claridad con respecto a quién es el tipo de persona que debo tener en mi equipo y claridad con respecto a qué exactamente estoy dispuesto a dar, a cambio del éxito que espero alcanzar en mi vida.

Podemos inferir entonces, que obtener claridad es una tarea muy importante para un líder. Esta tarea no es delegable. La tarea de establecer claridad, lleva al líder a poder presentar su visión eficientemente. Entender con claridad la visión, nos ayuda a escoger aquellas acciones y proyectos que se dirijan a los objetivos establecidos. Esto a su vez nos mantiene en el camino correcto y fortalece nuestra credibilidad y confianza con todos los involucrados.

La transparencia que surge de la claridad, solidifica la confianza y aumenta la credibilidad del líder. Esta es la tarea principal de todo líder y esto debe llenar nuestra agenda diaria. El próximo paso es enseñar a otros a hacer lo mismo y de esta manera duplicar nuestros esfuerzos para comenzar de esta manera a sentar las pautas de nuestro legado.

¿Cómo aplico lo aprendido?

_____

_____

_____

_____

_____

_____

_____

_____

_____

_____

_____

_____

_____

Los Mejores Líderes son los Mejores Aprendices

Indistintamente de su capacidad de liderazgo, usted puede mejorar. Los mejores líderes entienden que su habilidad para liderar está atada a su compromiso por aprender más y más cada día e ir creciendo personal y profesionalmente. El liderazgo está siempre en movimiento. No existe tal cosa como un conjunto de habilidades y estrategias a aprender que una vez implementadas hacen que nuestro esfuerzo de liderazgo cese. Todo lo contrario, un líder tiene que mantenerse aprendiendo nuevas cosas todo el tiempo e implementando más y mejores ideas para ir mejorando su ambiente.

Un líder también tiene que transmitir todo lo aprendido a su equipo. La tarea principal de un líder es crear y desarrollar nuevos líderes. Si no compartimos todo lo aprendido, estaremos creando un batallón de seguidores, en vez de un ejército de líderes. Cuando se crean seguidores, corremos varios riesgos. Primero que todo, somos incapaces de duplicar nuestros esfuerzos. Con cada seguidor, usted le suma valor a su liderazgo; con cada líder que crea, usted multiplica el valor de su liderazgo. Una distinción enorme y significativa. Si usted es el *Che Che* de la película, la película es bien floja.

Segundo, cuando no se comparte todo lo aprendido y se crean seguidores en vez de líderes, tarde o temprano, su ego interfiere con sus actividades y hasta pudiera llegar a pensar que usted es importante. Usted es tan importante como los demás. Ni más, ni menos. Si realmente dentro de su corazón siente que usted es más especial que otros, debe despertar de esa ilusión y comenzar a aprender realmente lo que significa ser un líder. Solo encontrará tropiezos y falta de apoyo mientras mantenga esta actitud. No tiene ni tan siquiera que exteriorizarla, porque la misma se encargará de ser una piedra en su camino.

Todos somos especiales, todos somos hijos de Dios y todos tenemos distintas fortalezas y debilidades. Son precisamente nuestras fortalezas, las que nos hacen pensar, en ocasiones, que somos especiales. Esto es así porque consideramos nuestras fortalezas más importantes que las fortalezas de los demás y entonces, en silencio, comparamos nuestras fortalezas con las debilidades de los demás. Y aún cuando comparamos nuestras fortalezas con las fortalezas de los demás, pensamos que nuestras fortalezas son más importantes que las otras fortalezas.

El ser humano, enfrascado en sí mismo, es muchas veces incapaz de ser objetivo con respecto a la realidad tangible. Aún en las personas, aparentemente más humildes, el ego juega un papel estelar. Retirar el enfoque del ego de nuestra vida no es tarea fácil de alcanzar. No obstante, toda persona deseosa de convertirse y mantenerse como líder de cosas importantes, tiene que ser implacable en su manejo efectivo del ego.

Cuando un líder se encarga de aprender constantemente, observa que su práctica como líder cambia de manera regular. Esto es un buen indicador de que realmente estamos creciendo como líderes. Todo líder en crecimiento siente que aún está poniendo los toques finales a su obra de arte. Sin embargo, esta obra de arte nunca se termina. Si, por lo contrario, un líder se percata de que en su entorno no ha habido muchos cambios recientemente, esto es un indicador de que ni el líder, ni la organización están creciendo como deberían para mantenerse relevantes.

Recuerden que es imposible estar estáticos. En todo momento, avanzamos en nuestro camino o simplemente nos atrasamos.

La Evolución de un Líder

Con respecto al liderazgo, al igual que el crecimiento personal y profesional, no existe una zona neutral.

Estudios realizados a nivel mundial han revelado que los mejores líderes, son los mejores estudiantes. Esta cualidad de estar siempre estudiando fue la que se destacó entre una gama de cualidades esenciales para todo líder. Un líder de excelencia es como un chef que continúa mejorando sus recetas todo el tiempo. Por lo tanto, las escribe a lápiz, porque conoce que prontamente estará modificando las mismas. Un líder obsoleto es como un cocinero que aún usa recetas aprendidas hace 20 años.

Aprender a aprender es una de las destrezas que debemos dominar para destacarnos como líderes. Sí, aunque parezca extraño, existen maneras de aprender a aprender. Una de las primeras cosas que todo líder tiene que aprender es a desaprender. Es vital deshacernos de aquello que no nos funciona para entonces, incorporar nuevas estrategias que resultan más efectivas.

Para aprender a aprender, hay que comenzar por conocernos. Para conocernos, tenemos que invertir tiempo a solas y reflexionar sobre nuestra situación personal al igual que nuestra situación de negocios.

Es a través de la introspección que podemos identificar qué nos detiene a alcanzar nuestros objetivos. Si realmente, no nos dedicamos a estar a solas y reflexionar sobre nuestra vida, nos estamos engañando con nuestra intención de ser mejores líderes. Estamos jugando al azar con una mentalidad de lotería que no nos llevará a ningún lugar.

Es importante tener esa conversación con el espejo y decidir de una vez por todas si seguiré engañándome o si escogeré vivir una vida que simplemente no exija las destrezas de liderazgo para que la misma sea exitosa. Es perfectamente posible vivir una vida feliz sin ser un líder. No obstante, tienes que tener claridad con respecto a lo que deseas en tu vida e identificar si una posición de liderazgo e influencia es lo que te brindará ese sentido de realización como ser humano.

Oswald Sanders, en su libro, *Liderazgo Espiritual* nos enseñó que liderazgo es influencia. Nadie hasta el momento había podido sintetizar y resumir, en una sola palabra, el alcance de todo lo relacionado con liderazgo. Hoy día es mucho más fácil liderar utilizando este sencilla palabra como base para todo nuestro desarrollo.

Si liderazgo es influencia, únicamente tengo que aprender cómo influenciar para llegar a ser un buen líder. Una de las mejores maneras de influenciar a los demás es a través de mi aportación. Cuando aporto, cuando añado valor a otros, inmediatamente se crea un enlace de influencia y es esto lo que me confiere liderazgo.

Es una cadena interesante y poderosa. La misma no se puede romper. Tampoco se puede fingir. Cuando aportamos genuinamente a los demás y añadimos valor de manera intencional y consistente, es inevitable convertirnos en líderes. Todo esto puede y debe ser aprendido.

¿Cómo aplico lo aprendido?

Conclusión

El líder de hoy tiene que vivir con una obsesión por servir a los demás y aportar significativamente a sus vidas. Sin embargo, esto comienza con el crecimiento personal y profesional. No es posible aportar a los demás si carezco de las herramientas necesarias y una disposición acertada. No existe aventura tan completa como la aventura de nuestra vida. No obstante, nuestra vida tiene que ser vivida para el servicio de los demás. Es una ley universal. Nos guste o no nos guste, esto es una realidad.

La información provista en este libro te ha capacitado para tener una mejor perspectiva de vida y guías e indicadores que te sirven de faro por el mar hacia la excelencia. Excelencia significa *exceder*. Excedernos en lo bueno, en lo positivo, en aquello que hace de nuestra vida una más completa y llena de satisfacción. Es mi más sincero deseo que las palabras plasmadas en este libro despierten en ti un deseo por buscar mejorar tu vida de manera intencional. Que al finalizar este libro tengas más preguntas que respuestas. Esto no es un libro para aclarar dudas, esto es un libro para despertar la mente y enriquecer tu vida.

Felicitaciones, si realmente terminaste el libro, te posicionas en el tope 2% de las personas que actúan para obtener resultados poderosos. La persona promedio, compra libros que nunca lee o no los termina de leer. Es por eso que son promedio. Terminar un libro y aplicar sus enseñanzas es el camino más directo hacia la alta producción y el desarrollo de un líder. Asegúrate de compartir lo aprendido con otras personas para que de esta manera trabajes en tu legado.

Conozca al autor

Rubén Huertas es un empresario que actualmente funge como principal oficial ejecutivo de *Power Holdings Realty Group*, una firma de corretaje y consultoría comercial de bienes raíces.

Rubén tuvo la oportunidad de también fungir como ejecutivo para uno de los fideicomisos (REIT's) más grandes de los Estados Unidos.

Siempre ha compartido sus experiencias y esto lo llevó a pertenecer a *Toastmasters International*, organización sin fines de lucro dedicada al desarrollo de la comunicación y el liderazgo. Ostenta de esta la más alta designación "DTM" (Distinguished Toastmaster). Es también coach, adiestrador y orador certificado del Equipo John Maxwell de líderes mundiales.

Ha escrito libros sobre bienes raíces, superación personal y liderazgo, conociendo la cercana relación que existe entre el desempeño profesional y las relaciones humanas en general.

Rubén es fundador de la alianza *Success Coaching Network*, dirigida a fomentar el desarrollo personal y profesional de empresarios. Su fin es mejorar la estructuración de sus negocios con sistemas operacionales exitosos que puedan ser duplicables y ofrecerles seguridad, estabilidad y libertad financiera.

Power Publishing
Learning Systems

MATERIAL EDUCATIVO

Rubén Huertas

Desarrollo

Personal

El Método Más Efectivo Para Alcanzar el Éxito

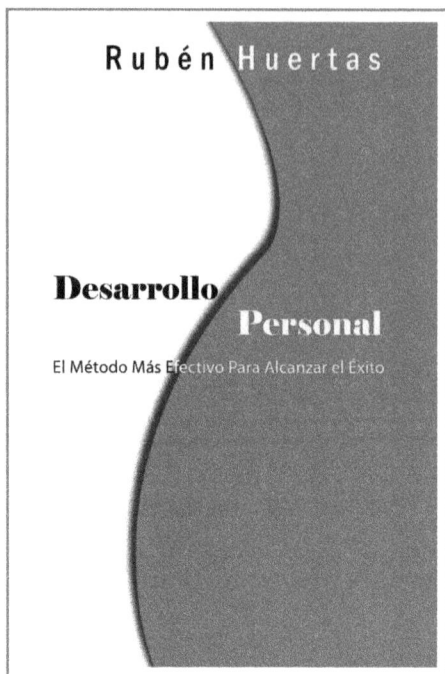

Desarrollo Personal

El Método más Efectivo para Alcanzar el Éxito

ISBN 978-0-9819090-0-4

El desarrollo personal es la clave para todo crecimiento de negocio, industria o como individuos. Sin embargo, a veces solemos perder nuestro enfoque y no logramos alcanzar aquello que tanto anhelamos.

Reconociendo que hoy día vivimos una vida muy atareada y que pocas veces tenemos el tiempo necesario para reflexionar, este libro nos ofrece las herramientas necesarias para enfocarnos hacia la consecución de nuestros deseos y objetivos.

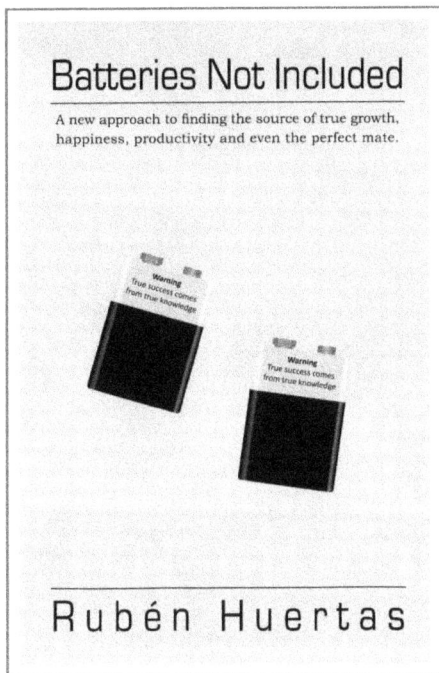

Batteries Not Included

A new approach to finding the source of true growth, happiness, productivity and even the perfect mate.

Rubén Huertas

Batteries Not Included

ISBN 978-0-9819090-3-5

When awareness comes in, programming goes out. The problems are inside yourself, not outside. The answer is within you, waiting for the question. As human beings, we are here on earth to evolve. We start out learning everything there is to learn in order to function properly within the rules of society.

However, in order to achieve true growth, it is vitally important for us to "unlearn" many of the things that society has so successfully ingrained within our minds. It is only after we have broken free of our programming that we are ready to wake up to life. Happiness is to be found along the way, not at the end of the road, for then the journey is over and it is too late.

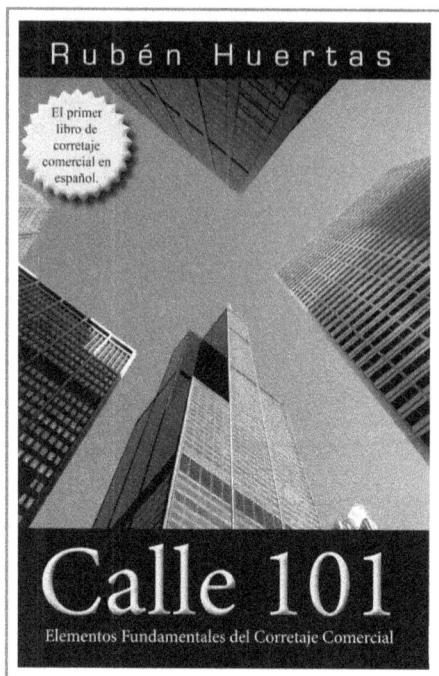

El primer libro de corretaje comercial en español.

Rubén Huertas

Calle 101

Elementos Fundamentales del Corretaje Comercial

Calle 101

Elementos Fundamentales del Corretaje Comercial
ISBN 978-0-9819090-4-2

Calle 101 es un excelente libro de texto y referencia sobre el corretaje comercial de bienes raíces comerciales. Ilustra los conceptos básicos que rigen este campo tan especializado. El lector aprenderá a identificar cuáles son los prospectos en los que debe enfocarse para obtener ventas exitosas y lucrativas.

El libro abunda en ejemplos de la vida real y muestra conceptos difíciles, de forma sencilla. El corretaje comercial de bienes raíces ofrece una de las oportunidades más completas para alcanzar el éxito a través del crecimiento personal, profesional y financiero del individuo. Se considera este una de las actividades empresariales más puras que existen en nuestra sociedad.

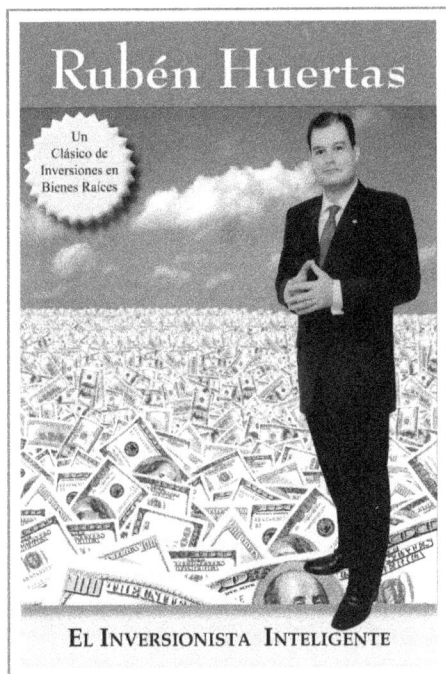

El Inversionista Inteligente

Elementos Fundamentales de las Inversiones en Bienes Raíces

ISBN 978-0-9819090-5-9

Las inversiones en bienes raíces representan una de las formas más efectivas para acumular y preservar riquezas. Las grandes fortunas siempre han contado con una porción significativa de activos en bienes raíces comerciales.

Sin embargo, es importante conocer y dominar los distintos indicadores de valor y rendimiento que representan la rentabilidad real obtenida de una inversión inmobiliaria. Logramos esto, a través de la educación y la práctica. En este libro se presentan los indicadores fundamentales para analizar correctamente y con precisión todo tipo de inversiones en bienes raíces comerciales.

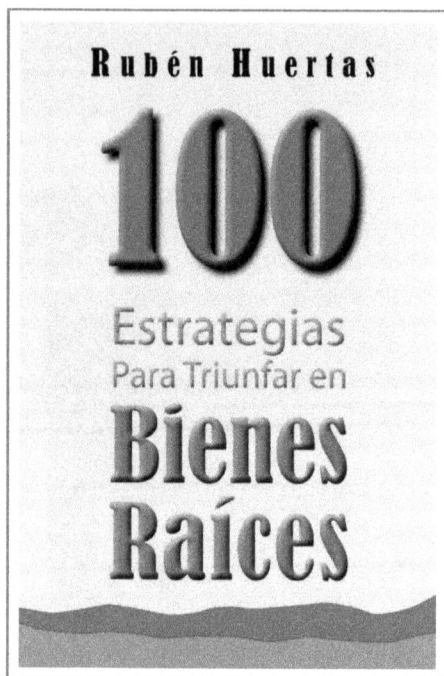

Rubén Huertas

100

Estrategias
Para Triunfar en

Bienes
Raíces

100 Estrategias

para Triunfar en Bienes Raíces
ISBN 978-0-9819090-1-1

Todo profesional necesita estrategias efectivas para aumentar su productividad. El material presentado en este libro ofrece de forma concisa 100 estrategias que lo ayudarán a pulir su práctica. Llévelo consigo y repase las estrategias que más apliquen a su necesidad actual. Produzca más, aplicando estrategias sencillas. Descubra el secreto de los corredores más exitosos.

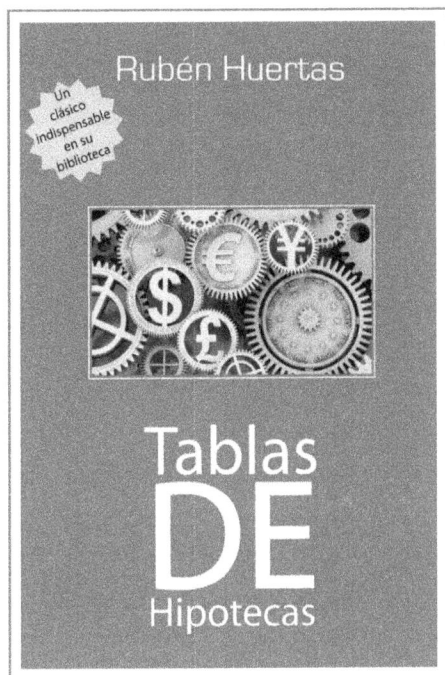

Rubén Huertas

Un clásico indispensable en su biblioteca

Tablas
DE
Hipotecas

Tablas de Hipotecas

ISBN 978-0-9819090-2-8

Las tablas de hipotecas son una herramienta poderosa que los profesionales necesitan para generar negocios de forma más rápida y efectiva. Sus clientes quieren esta información inmediatamente. Mañana podrán cambiar de parecer.

Esta guía es indispensable para agentes de bienes raíces, tasadores, banqueros, contables, originadores de préstamos, inversionistas, evaluadores, desarrolladores, economistas, administradores, agentes de seguro y otros. Produzca más transacciones y genere mayores ingresos. Utilice las técnicas de los profesionales altamente eficientes.

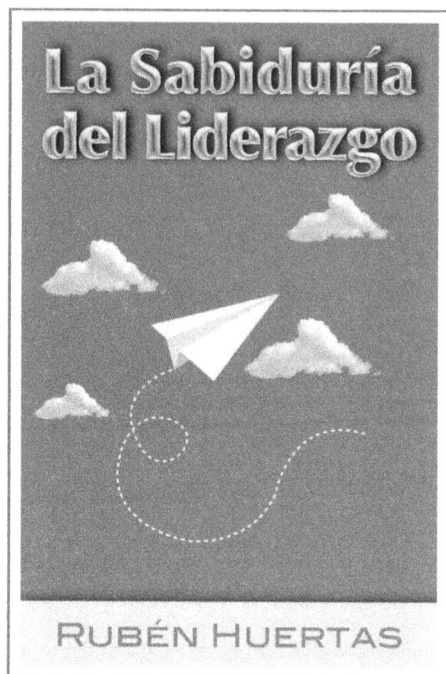

La Sabiduría del Liderazgo

ISBN 978-0-9961067-1-9

Muchas veces un pensamiento, frase o comentario puede representar una gran enseñanza de vida, muy superior a cualquier clase, taller, seminario o curso. Ese es el poder de las frases. El liderazgo es un proceso que nunca termina. Estas frases pudieran ser el catalítico que impulse tu crecimiento a través de la acción intencional, producida como resultado de un entendimiento más claro de todo aquello que nos rodea.

Este libro de frases sobre liderazgo tiene el poder de impregnar el deseo de superación y excelencia a la vez que te invita a la reflexión y acción inmediata dirigida a maximizar tu producción.

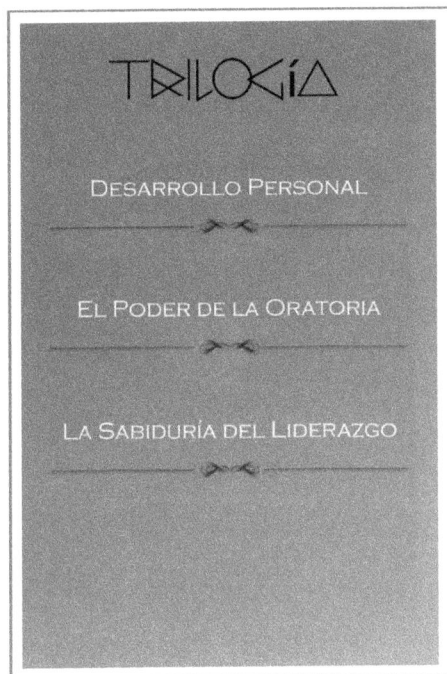

Trilogía

ISBN 978-1-5009809-4-8

Una exquisita compilación de tres libros. Desde los principios básicos del desarrollo personal a través de la profundización interior que solidifica nuestro sentido de comunicación hasta la exteriorización de nuestro liderazgo mediante frases inspiradoras que te ayudarán a crecer como profesional.

Esta compilación es una edición limitada de tres de nuestros libros más vendidos para comenzar un plan de desarrollo personal y profesional. Son 590 páginas de puro crecimiento lleno de ideas, estrategias y recursos de formación, dirección e inspiración al más alto nivel.

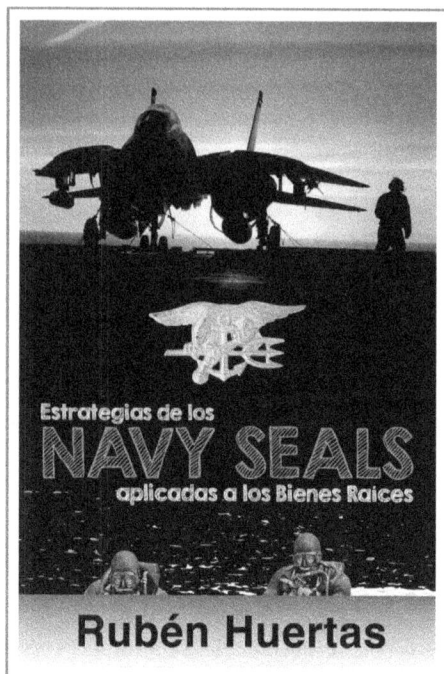

Estrategias de los *Navy Seals*

ISBN 978-0-9961067-4-0

Los *Navy Seals* son uno de los grupos militares más exitosos y efectivos del mundo. Su filosofía, adiestramiento y sistemas operativos hacen que estos se destaquen enormemente y cuando surge la necesidad de militares que efectúen misiones complicadas donde fracasar NO es una opción, envían a uno de los equipos dentro de esta agencia. El porcentaje de misiones exitosas de estos profesionales es indiscutiblemente superior.

Estas mismas estrategias, filosofías y sistemas pueden ser aplicados al negocio de los bienes raíces. El autor se dio a la tarea de transferir los sistemas exitosos de los *Navy Seals* a la práctica de bienes raíces, creando un sistema de éxito sin igual. Descubre sus secretos en este libro.

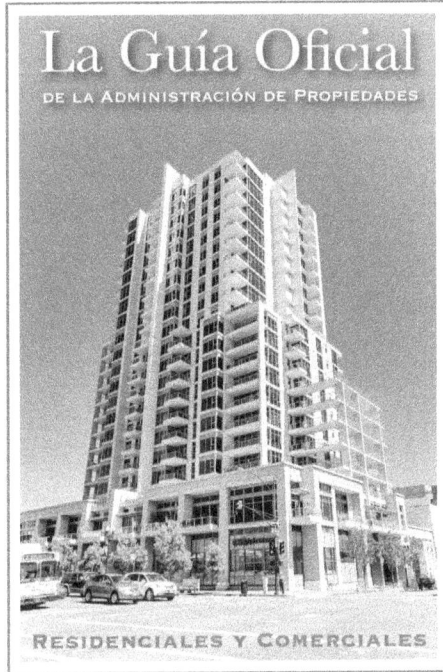

La Guía Oficial
DE LA ADMINISTRACIÓN DE PROPIEDADES

RESIDENCIALES Y COMERCIALES

Administración de Propiedades

La Guía Oficial

ISBN 978-0-9961067-5-7

La administración de propiedades es una de las áreas más delicadas dentro de la industria de los bienes raíces. Una propiedad puede ser todo un éxito o un fracaso total, dependiendo de las cualidades del administrador. Ser un administrador de propiedades requiere una de las más extensas listas de destrezas y habilidades de cualquier profesión. No cualquiera puede ser un administrador exitoso.

En este libro conocerás los detalles esenciales para comenzar en el largo camino de convertirte en un administrador de excelencia y producir de manera consistente un alto rendimiento en la inversión para los titulares de la propiedad.

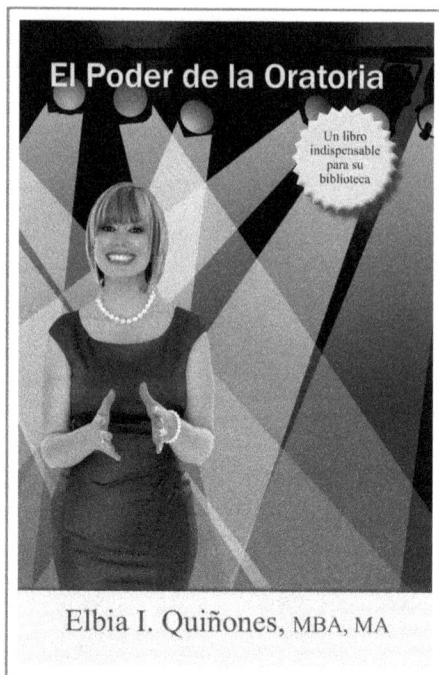

El Poder de la Oratoria

Un libro indispensable para su biblioteca

Elbia I. Quiñones, MBA, MA

El Poder de la Oratoria

ISBN 978-0-9819090-9-7

La autora Elbia Quiñones conoce exactamente lo que se siente al comunicarse con el público. Desde nerviosismo, frío, calor y sudor hasta imaginar y escuchar mariposas que revolotean en el aire, decididas a perturbar la concentración que se requiere para cumplir la gran misión de llevar un mensaje con contenido a la audiencia.

En este libro encontrarás un mundo de ideas, técnicas y sencillas historias que te ayudarán a convertirte en ese extraordinario orador que llevas por dentro. ¡El mundo necesita de tu mensaje, el mundo necesita de ti!

Maestro de Ceremonias
Conecta con Poder

Elbia I. Quiñones, MBA, MA

Maestro de Ceremonias

ISBN 978-0-9961067-0-2

Cada ceremonia transforma un evento o suceso ordinario de la vida en uno muy especial donde reina el respeto, la cortesía y el orden. Conducir eventos es una gran oportunidad de crecer y destacarse en un campo de trabajo diferente, atractivo, interesante.

Conoce los elementos esenciales para fungir como un maestro de ceremonias de altura. Desde la preparación de los libretos hasta los formularios a utilizar. Cómo colaborar cuando son dos los maestros de ceremonia. Domina la pronunciación, la respiración y hasta cómo alimentar tu voz. Aprende las técnicas de los más famosos y utiliza las muchas herramientas que en este libro se comparten.

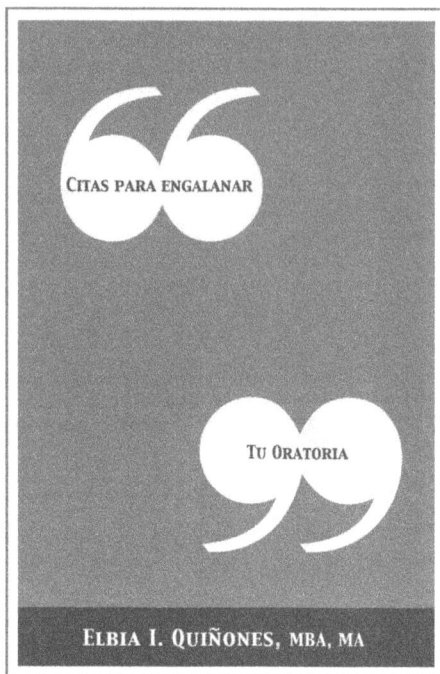

CITAS PARA ENGALANAR

TU ORATORIA

ELBIA I. QUIÑONES, MBA, MA

Cita para Engalanar tu Oratoria

ISBN 978-0-9961067-2-6

En este libro, el lector encontrará expresiones o mensajes que denotan actitudes hacia la vida, consejos para ser una mejor persona y lecciones para triunfar o manejar las experiencias que nos hacen crecer cuando pensamos o creemos que hemos perdido en la vida. Cada lección nos acerca más a la evolución positiva de nuestro carácter y de nuestra grandeza.

Para los que hacen presentaciones, estas citas le permiten generar focos de atención en distintos momentos de sus discursos. Asimismo, le ayudan a compartir la sabiduría de quienes le han precedido y le iluminan para caminar con elegancia en la oratoria al igual que en otras formas de comunicación.

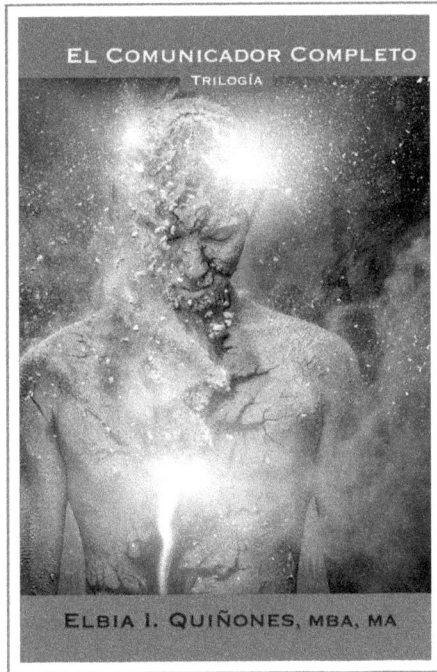

EL COMUNICADOR COMPLETO
TRILOGÍA

ELBIA I. QUIÑONES, MBA, MA

El Comunicador Completo

ISBN 978-1-5060002-0-6

Este libro es una trilogía de los libros: El Poder de la Oratoria, Maestro de Ceremonias y Citas para Engalanar tu Oratoria. Esta magnífica obra compila todo este material en orden lógico y práctico para fomentar el entendimiento completo durante el proceso de la comunicación.

Todos estos libros son muy prácticos. Sin embargo, en este volumen compilado, se ofrece al lector exactamente el orden a seguir para desarrollar y pulir cada día más sus habilidades como comunicador. Este será su manual de referencia que siempre tendrá a la mano para cuando surja alguna duda, poder aclararla. Forma también un excelente texto para cursos o clases de comunicación tanto para estudiantes universitarios como para ejecutivos del mundo corporativo.

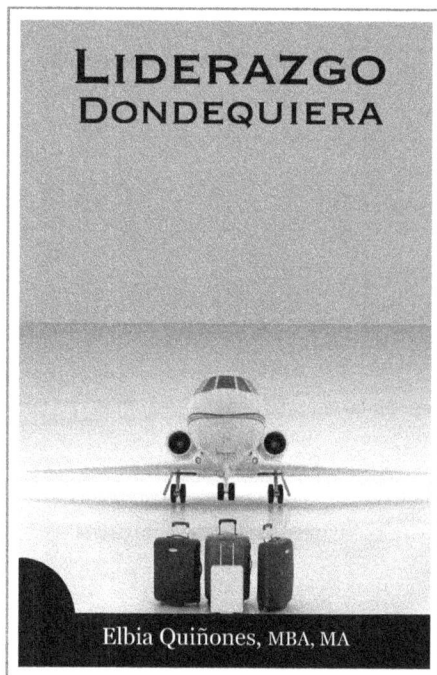

LIDERAZGO DONDEQUIERA

Elbia Quiñones, MBA, MA

Liderazgo Dondequiera

ISBN 978-0-9961067-6-4

El liderazgo se encuentra dondequiera. No pertenece solo a los educados formalmente o aquellos educados formados por la mejor escuela, la vida misma. Es de todos. Lo vemos en cada rostro humano que se lidera a sí mismo primero y luego influye en otros para añadir valor a sus vidas, para transformar sus pensamientos y acciones.

En este libro la autora comparte historias de seres que se conectaron en su camino de vida con un propósito. La hicieron entender que el liderazgo está dondequiera, que sus fundamentos y principios se viven en todas partes desde un taxi con un conductor lleno de esperanza, esperando su turno en un salón de belleza, en un seminario, en el campo, en un avión y hasta escuchando historias de nuestros abuelos.

www.ingramcontent.com/pod-product-compliance
Lightning Source LLC
Chambersburg PA
CBHW031233090426
42742CB00007B/176